SI SEULEMENT ELLE SAVAIT !

SI SEULEMENT elle SAVAIT !

GARY SMALLEY

230, rue Lupien
Trois-Rivières (Québec)
Canada G8T 6W4

Édition originale en anglais :
FOR BETTER OR FOR BEST
© 1982   by The Zondervan Corporation
           Grand Rapids, Michigan, U.S.A.

© 2002 :   Publications Chrétiennes
           230, rue Lupien
           Trois-Rivières (Québec) G8T 6W4
           CANADA
           Tous droits réservés

Dépôt légal – 2ᵉ trimestre 2002

ISBN : 978-2-89082-041-8

Dépôt légal :   Bibliothèque et Archives nationales du Québec

                Bibliothèque et Archives Canada

Photo de couverture : iStock.com/Victor_Tongdee

Table des matières

Introduction 8

I. Les fondements d'un mariage solide

1. Une relation conjugale solide n'est pas le fruit du hasard 11
2. Comment un mari peut faire du mal à son épouse 17
3. Les raisons profondes de certains comportements masculins 29
4. Aidez votre mari à être plus sensible 39
5. Incitez votre mari à vous écouter 47
6. Donnez à votre mari l'envie de changer.......... 59

II. Construire un mariage solide

7. Eveillez chez votre mari le désir de passer du temps avec vous 85
8. Obtenez une parfaite attention de votre mari 111
9. Rendez votre mari plus sensible à vos besoins émotionnels et à vos désirs 119
10. Vous pouvez obtenir de votre mari du réconfort et de la compréhension, plutôt que des sermons et des critiques 131
11. Aidez votre mari à accepter vos critiques constructives sans qu'il soit sur la défensive.............. 139
12. Gagnez l'estime et la reconnaissance de votre mari 149
13. Motivez votre mari à partager la responsabilité des enfants et du ménage......................... 159
14. Motivez votre mari à répondre à vos besoins matériels...................................... 169
15. Que pouvez-vous faire pour que l'affection de votre mari à votre égard grandisse et s'approfondisse? .. 179
16. Devenez la meilleure amie de votre mari......... 191

Remerciements

A ceux qui ont participé à l'édition de ce livre:
Bonney Scott: pour son dévouement qui nous a permis de terminer ce livre dans les délais.
Robert J. Marsh: sans lequel ce livre n'aurait pu être écrit avant au moins trois ans; merci pour sa vision et ses encouragements.
Les responsables de R. M. Marketing: qui ont pris le risque d'investir financièrement, ce qui a permis à notre rêve de devenir réalité.
Harry Howard: qui a coordonné la mise en page et l'impression de ce livre.
L'équipe éditoriale: Judy Bagett Trasher et Linda Allen Fyke et les dactylos Anna Ruth Hat, Betty Snyder, Lisa Bland, Darlene Williams, Janet Perry et Denise Duck.

Il s'en est fallu de peu

J'ai toujours pensé que j'étais un bon mari. Quand j'ai rencontré Gary pour la première fois, je n'avais aucune idée de ce dans quoi je m'engageais. En travaillant son manuscript, je pris douloureusement conscience de ce que ma femme avait dû subir durant les dix dernières années de notre vie conjugale, et je réalisai combien j'avais échoué en tant qu'époux. Parfois il m'était impossible de continuer à travailler sur ce livre parce qu'il exposait mes manquements en tant que mari et en tant que père.

Je peux dire honnêtement que le contenu de ce livre a contribué à me donner un ardent désir d'honorer et d'aimer ma femme comme une personne unique et irremplaçable. J'ai la certitude qu'il vous éclairera et vous encouragera à désirer une relation plus profonde avec votre conjoint.

Steve Scott

Introduction

Une relation conjugale épanouie n'arrive pas comme par enchantement. Elle se construit sur des principes qui ont fait leurs preuves, et qui sont essentiels au développement de toute relation d'amour. La première partie (chapitres 1 à 6) a pour but de vous aider à mieux comprendre ces principes et à apprendre comment les appliquer dans votre vie quotidienne. Ces principes sont le fondement d'un bon mariage.

La deuxième partie (chapitres 7 à 16) vous donne les éléments dont vous avez besoin pour construire sur ce fondement. Chaque chapitre traite une ou plusieurs manières de motiver votre mari à vous aimer vraiment, de la façon dont vous désirez être aimée. Chaque chapitre est écrit indépendamment des autres, aussi pouvez-vous les lire dans l'ordre de votre choix. L'ordre que nous avons choisi est basé sur les priorités que les épouses nous ont dit être les plus importantes pour elles. Cependant, du fait de votre situation particulière, vos priorités peuvent être différentes. Pour déterminer quels sont les chapitres de plus grande importance pour vous, faites votre propre classification en les numérotant de un à dix. Vous pourrez les lire dans cet ordre.

Première partie
Les fondements d'un mariage solide

1

Une relation conjugale solide n'est pas le fruit du hasard

«Qui trouvera une femme vertueuse? Elle a bien plus de valeur que les perles.» (Proverbes 31:10)

Jacques fixait en silence le poste de télévision tandis que Caroline se morfondait, se demandant ce qui avait à nouveau mis son mari en colère après elle. Ils étaient à peine mariés depuis un an, et Caroline constatait que leur relation commençait déjà à se détériorer. Elle ne pouvait s'empêcher de se demander s'ils étaient voués à rejoindre la foule des couples qui divorcent chaque année. Lorsque, finalement, elle rompit le silence et demanda à Jacques ce qui n'allait pas, il refusa de lui répondre. Elle répéta sa question. La réponse de Jacques la blessa si profondément qu'elle se demanda si elle était vraiment capable de devenir une bonne épouse.

Il dit: «J'en ai par-dessus la tête que tu prennes tout tellement au sérieux. Tu es trop sensible! Si j'avais su que tu étais si émotive, jamais je ne t'aurais épousée. Mais maintenant que nous sommes mariés, je pense que tu dois y mettre du tien. Cesse de réagir si violemment et d'être tellement susceptible dès que je dis ou fais quelque chose qui te chagrine. Si tu veux que notre couple marche, il faudra que tu cesses de faire l'enfant!»

Vous reconnaissez-vous dans cette situation? En prononçant des paroles aussi dures, Jacques avait – sans y prendre garde – amené leur relation sur un chemin de destruction et les choses ne pouvaient qu'empirer. Elles conduisaient le mariage vers une telle dégradation que le divorce semblait le seul remède. Le principal problème de Jacques – comme de tant d'autres maris – est qu'il n'arrivait pas à comprendre la différence fondamentale qu'il y a entre la nature de la femme et celle de l'homme. Jacques considérait comme des faiblesses deux des plus grands atouts naturels de sa femme – sa sensibilité et sa conscience intuitive des choses de la vie. En réponse au reproche de Jacques, Caroline, comme des milliers d'autres femmes, adopta une attitude insensible et dure face à la vie en général, et à Jacques en particulier. Si seulement il avait pu se souvenir que la sensibilité de Caroline était l'une des premières qualités qui l'avait attiré vers elle! Si seulement il avait compris que la vivacité de sa femme était l'un de ses plus grands atouts et s'il avait commencé à la traiter avec tendresse, douceur et gentillesse, leur relation serait devenue plus solide et plus satisfaisante.

Les différences mentales et psychologiques entre l'homme et la femme (décrites en détail au chapitre 3) peuvent constituer d'insurmontables obstacles à l'établissement d'une relation durable et satisfaisante, si elles sont mal comprises ou tout simplement ignorées. Cependant, ces mêmes différences, une fois reconnues et appréciées, peuvent devenir le point de départ d'une relation significative et épanouissante.

Les femmes, par exemple, possèdent un avantage dans au moins deux des plus importants domaines de la vie: l'amour de Dieu et l'amour du prochain (Matt. 22: 36-40). Elles ont la capacité naturelle de nouer des relations profondes et éprouvent l'envie d'une communication intime, ce qui leur donne un certain avantage au niveau de ce que Jésus décrivait comme étant les deux plus grands commandements. Aimer Dieu et aimer les autres, c'est aussi bâtir des relations. Dieu dit qu'il n'était pas bon que l'homme soit seul et il créa pour lui une aide précieuse et un complément: la femme. Les hommes ont sans conteste besoin d'aide pour établir et entretenir des relations. Le but de ce livre est d'enseigner aux femmes à aider leur mari à écouter et à recevoir ce qu'elles veulent lui donner.

Lorsqu'une femme reconnaît ses qualités pour ce qu'elles sont, son image d'elle-même sera pratiquement indestructible, quelles que soient les humiliations que son mari lui fait subir. Quand les conjoints se comprennent, leur relation peut s'épanouir et devenir celle dont ils ont tant rêvé. Caroline peut progressivement rendre Jacques conscient de ses profonds besoins d'amour, de confiance et de sécurité, sans se sentir égoïste en désirant qu'ils soient comblés. Malheureusement, au rythme où vont Jacques et Caroline, il ne se passera probablement que peu de temps avant qu'ils ne rejoignent les rangs de ces innombrables couples qui se séparent chaque année.

Mais ne vous désespérez pas! Il n'y a aucune raison pour que votre mariage grossisse ces terrifiantes statistiques. En prenant les dispositions appropriées, vous pouvez forger, à partir d'une relation conjugale apparemment sans espoir, une relation plus satisfaisante. Ce livre vous fournira des indications pour y parvenir, tel est mon souhait. Mais ce ne sont pas les outils qui feront le travail pour vous. Ils doivent être choisis et maniés avec habileté et à bon escient pour obtenir les résultats escomptés.

Si votre mari est disposé à mettre lui aussi la main à la pâte, la «résurrection» de votre mariage sera encore plus rapide. C'est pourquoi je suis persuadé que vous tirerez le plus grand bénéfice de ce livre si votre mari lit en même temps celui écrit à son intention: «Si seulement il savait». Quand un mari comprend les besoins de son épouse et apprend à les satisfaire, leur relation prend une toute nouvelle tournure.

Dans mon travail de conseiller, j'ai constaté que, si le mari est prêt à faire sa part en premier, la femme assumera beaucoup plus facilement ses responsabilités dans la construction de leur relation, avec davantage d'enthousiasme et d'engagement. Malheureusement, ce sont généralement les femmes qui se soucient le plus d'améliorer leur relation conjugale.

Je crois aussi que vous, l'épouse, êtes le moteur qui motivera votre mari à lire le livre. Si vous passez outre à son manque d'intérêt momentané et fournissez un effort supplémentaire, vous verrez que les idées préconisées par ce livre sont efficaces. J'ai aussi l'assurance que le désir de votre mari de créer une meilleure relation grandira au fur et à mesure des transformations qu'il constatera en vous.

Durant les quinze dernières années, j'ai parlé à des centaines de femmes mariées. Je n'en ai rencontré que très peu qui n'étaient pas désireuses de voir s'améliorer leur relation avec leur époux. Certaines étaient plus satisfaites que d'autres, mais la plupart souhaitaient ardemment que leurs maris leur témoignent davantage d'amour et de compréhension. Beaucoup disaient qu'elles souhaitaient que leurs maris les aiment plus que personne au monde et plus que n'importe quoi.

Vous pensez peut-être: «C'est tout simplement impossible. Aucun homme sur cette terre n'est capable d'un tel amour!» Mais j'ai vu personnellement un nombre croissant d'hommes redevenir ces maris amoureux dont les femmes rêvent. En fait, il y a quelques années, ma femme a vu l'impossible devenir vrai!

Une des principales raisons des échecs de la vie conjugale

Beaucoup trop souvent, les gens se marient avant d'avoir acquis les connaissances et les aptitudes nécessaires pour s'occuper convenablement de leurs conjoints: c'est-à-dire répondre à leurs besoins affectifs, mentaux et physiques. Dans notre société, il est tragique de voir qu'on doit étudier pendant plusieurs années pour pouvoir exercer un métier, mais qu'aucune formation n'est requise pour obtenir le droit de se marier! Notre système d'éducation n'inclut même pas de cours de base sur la communication, qui est pourtant fondamentale pour progresser dans toute relation interpersonnelle. En conséquence, beaucoup se marient sans avoir la moindre idée de la façon dont ils peuvent répondre aux besoins affectifs et psychiques fondamentaux de leur conjoint. Et je dois confesser que je faisais partie de cette catégorie de personnes «non qualifiées» quand je me suis marié. Il a fallu bon nombre d'années à ma femme Norma et à mes amis pour m'aider à devenir un mari plus affectueux.

Il est typique qu'un homme se marie sans savoir comment parler à sa femme. Certains ignorent même que leur épouse a besoin d'une communication intime avec eux. Souvent le mari tombe des nues quand on lui explique que sa femme est beaucoup plus sensible que lui. Il ne sait pas que des choses qu'il considère comme négligeables peuvent être extrêmement importantes pour elle: les fêtes, les anniversaires, les vacances, par exemple. Il ne peut pas non plus comprendre pourquoi elle est tellement affectée par de telles bagatelles et il se montre incapable de satisfaire ses besoins. Beaucoup d'hommes n'ont aucune idée des cycles physiques et des changements hormonaux d'une femme. Ils ne réalisent pas combien la maison, les enfants, la famille et les amis font partie intégrante de sa personnalité.

Beaucoup de femmes sautent le pas du mariage en souffrant du même handicap. Elles ne comprennent pas que l'admiration est pour l'homme ce que l'amour romantique est pour la femme. Elles ne se doutent pas qu'un homme s'appuie habituellement sur le raisonnement plutôt que sur l'intuition.

Dans ces conditions, il est évident que, si l'homme et la femme sont dépourvus l'un et l'autre de cette connaissance vitale et des aptitudes nécessaires pour répondre aux besoins de l'autre, leurs besoins ne seront pas comblés. Le Dr. Carl Menninger, psychiatre, déclare que lorsque nos besoins fondamentaux ne sont pas pris en considération, nous avons l'une des deux réactions suivantes: soit nous fuyons, soit nous déterrons la hache de guerre . La femme qui prend le parti de la «fuite» n'échappe cependant pas à ses problèmes. En prenant les jambes à son cou, elle se met à douter de sa propre valeur. D'autre part, si elle choisit de lutter, elle risque de devenir une mégère insupportable pour son mari.

Je crois que le mariage peut évoluer quand la femme s'efforce de répondre aux besoins de son mari et que le mari fait de même pour sa femme. La conjugaison de ces deux engagements produit les qualités durables d'une relation qui est un don de soi.

Ce livre a été écrit pour montrer aux femmes comment motiver leur mari à travailler à leur relation conjugale. Les changements ne se feront pas du jour au lendemain, mais les principes de ce livre ont fait leur preuve dans maints mariages. Je sais qu'ils sont efficaces. Si une femme est prête à consacrer le temps et l'énergie nécessaires à leur application, je suis sûr qu'elle verra son mariage s'améliorer au-delà de ce qu'elle aurait jamais imaginé.

Si vous voulez devenir un grand peintre, vous devez consacrer du temps à votre art. Apprendre à maîtriser les techniques et acquérir les aptitudes pour peindre doit être la première priorité. Ensuite, une fois que vous avez peint des centaines de toiles et acquis de l'expérience, vous pouvez exposer vos œuvres et peut-être inspirer les jeunes artistes. De même, je crois que ce livre vous enseignera des techniques et les aptitudes qui feront de vous – si vous y mettez le temps et l'effort nécessaires – un exemple vivant à suivre.

Puisque ce livre a été écrit pour répondre aux besoins de milliers de gens, quelques-uns des principes et des idées contenus ici sont naturellement d'ordre général et valables à long terme. Il est impossible de répondre à toutes les questions spécifiques que chaque femme aimerait poser, mais j'ai tenté d'aborder les aspects essentiels de l'amour et du mariage.

Réflexion personnelle

Pourquoi une femme est-elle si importante pour son mari? (Voir Genèse 2:18; Matthieu 22:36-40.)

2

Comment un mari peut faire du mal à son épouse

« Et s'il a péché contre toi sept fois dans un jour, et que sept fois il revienne à toi en disant: Je me repens, – tu lui pardonneras. »
(Luc 17:4)

Pendant un déplacement en avion de Philadelphie à la Nouvelle-Orléans, j'expliquai à l'une des hôtesses que j'étais en train d'écrire un livre sur le mariage. Je lui dis que l'un des chapitres était consacré à la façon dont un mari peut blesser sa femme sans même s'en rendre compte. Avant d'avoir eu le temps de dire «ouf», je fus propulsé en première classe et les trois hôtesses me racontèrent en détail comment leurs ex-maris les avaient blessées. Toutes trois semblaient étonnées qu'un homme puisse concevoir que des paroles et des actes qui semblaient si innocents à leurs maris leur avaient infligé, à elles en tant que femmes, des blessures qu'elles ne pourraient jamais oublier.

Dans la plupart des couples que je conseille, il ne passe guère de semaine sans que le mari ne dise ou ne fasse quelque chose qui offense sa femme, sans qu'il en ait l'intention. Les récits qui suivent sont des expériences vécues illustrant les façons par lesquelles un mari peut causer beaucoup de tort à son épouse… sans même s'en douter! Cependant, j'ai constaté que des hommes *cessent* d'infliger ces blessures quand leurs épouses commencent à mettre en pratique certains principes dont nous parlerons dans la suite de ce livre.

Il vous critique fréquemment

Jean avait l'art de mettre le doigt sur les défauts de Sarah.

Sarah venait d'enfiler son nouveau maillot de bain et mourrait d'impatience d'aller à la plage. C'était leur premier jour de vacances. Jean entra dans la pièce, lui pinça les hanches et lança avec désinvolture: «Nous ferions bien de surveiller notre régime pendant ce séjour!» Cela semblait bien anodin à Jean, mais Sarah sentait que ce qu'il voulait dire était: «Tu es trop grosse et laide». Cette blessure fut si profonde que même aujourd'hui – au bout de cinq ans et après un divorce –, Sarah est très mal à l'aise en maillot de bain. (Chose curieuse, car Sarah est une femme séduisante qui a une jolie silhouette.)

Plusieurs semaines après que Jean lui eut fait cette remarque, Sarah décida de faire quelque chose pour sa ligne. Elle conclut que le patin à glace lui ferait faire l'exercice nécessaire. Quand elle fit part à Jean de sa décision, il lui répondit de façon sarcastique: «Tu veux devenir championne olympique?» Pour elle, il disait en réalité: «Je ne peux pas croire que tu sois stupide au point d'avoir une idée pareille. Tu ne vaux pas l'argent que cela va coûter».

Non seulement Jean attirait l'attention sur son problème de poids, mais il critiquait également ses efforts pour changer. Sans en être conscient, il trouvait des défauts dans presque tout ce que Sarah disait ou faisait. Il pensait qu'il pouvait l'inciter à changer par ses commentaires. Comme une femme n'est ni «blindée» ni insensible de nature, une critique blessante éveille rarement en elle le désir de changer. Elle provoque généralement un désespoir plus profond dont le résultat est l'affaiblissement du désir de plaire à son mari.

Les chapitres 10 et 12 vous montreront comment inciter votre mari à remplacer ses critiques par des compliments et de la reconnaissance.

Il ne tient pas compte de vos idées

Pour Julie, la seule façon d'attirer l'attention d'Hervé aurait été de se transformer miraculeusement en programme de télévision.

Il était onze heures du soir quand Sophie décrocha le téléphone dans un demi sommeil. De l'autre bout de la ligne, à des milliers de kilomètres de là, lui parvinrent les sanglots de sa mère.

«Qu'est-ce qui ne va pas, maman?»

Sa mère répondit: «Je dois prélever 4000 francs sur mes économies pour acheter un nouveau poste de télévision à ton père». Soudain, tout à fait réveillée, Sophie demanda:

«Qu'est-il arrivé?

– Pendant des semaines, j'ai essayé d'attirer l'attention de ton père pour lui expliquer un problème délicat à propos de ta petite sœur. Il était impossible de le détacher de la télévision pour lui en parler. Pour finir, je n'ai pu le supporter plus longtemps. J'ai pris un marteau, je me suis interposée entre lui et la télévision, et d'un bon coup, j'ai défoncé l'écran!

– Maman, il aurait pu exploser et te blesser!

– Je sais, mais je m'en fichais réellement. La seule chose que je voulais, c'était qu'il m'écoute. Et tu sais ce que ton père a fait?

– Non!

– Tu ne le croiras jamais. Il s'est levé, est allé dans la chambre à coucher, a fermé la porte et mis la télévision sur la chaîne qu'il était en train de regarder avant que je ne l'interroge. Il n'a pas dit un seul mot. Il a tout simplement continué à faire comme si je n'existais pas.»

Cet exemple peut vous paraître extrême, mais beaucoup de femmes sont à juste titre blessées par le manque d'attention de leur mari. Quand la femme prend la parole, on a l'impression qu'elle déclenche, dans le cerveau de son mari, un mécanisme disant: «C'est l'heure de lire le journal, de regarder la télévision ou d'essayer de résoudre le problème que j'ai au travail».

Il lui arrive de témoigner son désintérêt profond en fixant son regard sur autre chose (comme une tache sur la nappe, par exemple) ou simplement en toisant sa femme avec un regard vide, tandis que son esprit vagabonde vers d'autres sphères.

Mais quand vient son tour de prendre la parole, non seulement il réclame son attention, mais il s'attend à ce qu'elle se souvienne de chaque détail, comme si toute la conversation devait être enregistrée dans son cerveau.

Une femme peut être profondément blessée par le manque d'attention de son mari, parce qu'il lui dit de façon indirecte qu'il considère ses préoccupations comme étant secondaires et sans importance. Ne vous désespérez pas, le chapitre huit vous apprendra comment vous pouvez obtenir sa considération et son attention... et cela marche!

Il n'assume pas ses responsabilités dans la maison

Michel pensait que sa seule responsabilité était de subvenir aux besoins matériels de la famille.

Il était 6 heures 45 un vendredi matin et Michel venait juste de se réveiller. Il entendit ses trois enfants se disputer et constata que sa femme Elisabeth avait laissé la porte de leur chambre ouverte. «Pour une fois que j'aurais pu dormir jusqu'à 7 heures», maugréa-t-il. Puis il se mit à hurler: «Si déjà tu laisses cette porte ouverte, ne pourrais-tu pas au moins demander aux enfants de se tenir tranquilles pour que je puisse me reposer?»

Il ne pensa pas un seul instant qu'Elisabeth était debout depuis près d'une heure, préparant le petit déjeuner des enfants, les habillant pour aller à l'école, tout cela en même temps. Et il avait l'audace de lui dire qu'elle ne faisait pas les choses comme il fallait, simplement parce qu'elle avait laissé la porte ouverte et perturbé son sommeil! *Pourquoi ne s'est-il pas levé pour me donner un coup de main? Ai-je moins besoin de sommeil que lui? La responsabilité des enfants m'incombe-t-elle à moi seule!*

Si Michel avait continué sur sa lancée ce matin-là, en demandant à Elisabeth pourquoi son petit déjeuner n'était jamais chaud, elle lui aurait certainement répondu: «Si tu veux que ton petit déjeuner soit chaud, tu n'as qu'à te le préparer toi-même!» Comme beaucoup d'hommes, Michel pensait que sa responsabilité envers sa famille se limitait à son travail.

C'était également le cas chez Antoine. Jeanne, l'épouse d'Antoine, une hôtesse de l'air, revint chez elle morte de fatigue après quatre jours de déplacements éreintants. La seule bienvenue qui lui fut souhaitée étaient une vaisselle de quatre jours, des cendriers pleins à ras bord et une maison en désordre. Comme elle pénétrait dans le salon, son mari, tout en continuant de regarder les informations de 20 heures, l'accueillit en disant: «Je suis vraiment content que tu sois rentrée. Cette maison commence à ressembler à un véritable dépotoir.»

Ne pensez pas que vous soyez la seule femme que son mari n'aide pas dans les tâches ménagères. Sans doute n'en parlez-vous même pas avec lui parce qu'il vous fera comprendre que vous ne faites que vous plaindre. Toujours prêt à vous rappeler combien il travaille dur et quelles lourdes charges pèsent sur ses épaules, il peut même vous faire ressentir que vous êtes une incapable parce que vous n'arrivez pas à vous en sortir seule.

Le chapitre 13 devrait être le chapitre réconfortant dont vous avez besoin pour aider votre mari à assumer un partage équitable des responsabilités dans la maison. Et vous n'aurez plus à craindre de passer pour une grincheuse.

Vos besoins et vos désirs passent toujours après ses propres activités

Frédéric avait toujours autre chose à faire quand sa femme avait besoin de lui; mais il trouvait toujours le temps de regarder la télévision, de lire le journal ou de sortir avec ses fils.

Frédéric était un architecte réputé. Il disait fréquemment à sa femme qu'il avait besoin de plusieurs jours de «tranquillité» pour concevoir un plan de construction. Cependant, il n'avait aucun mal à faire une pause pour regarder la télévision, jouer au golf ou déjeuner avec ses amis. En fait, même quand il ne travaillait pas sur un projet, il se livrait généralement à ses activités favorites plutôt que de passer du temps avec sa femme. Elle se *résigna* finalement à considérer qu'elle-même et le monde qui était le sien n'avaient pas suffisamment d'importance pour entrer en concurrence avec celui de son mari et mériter son attention et son amitié.

Rassurez-vous, vous pouvez accroître le désir de votre mari de prendre vos besoins en considération. Nous en parlons au chapitre 7.

Il explique vos blessures au lieu d'essayer de comprendre vos sentiments et de les partager avec vous

Quand Sandrine emboutit la voiture neuve de Marc, elle avait besoin de son épaule, pas de ses discours.

Un après-midi, en faisant une marche arrière pour entrer dans le garage, Sandrine heurta un poteau. Sachant qu'il serait mécontent, elle était déjà en pleurs quand il sortit de la maison. Marc aurait pu en profiter pour être «chevaleresque» et la prendre dans ses bras en disant simplement: «Chérie, je sais ce que tu ressens. Ne t'inquiètes pas pour la voiture. Je vais m'en occuper. Que puis-je faire pour te réconforter?»

Au lieu de cela, Marc se rua vers la voiture, examina la carrosserie endommagée, leva les yeux vers Sandrine et lui dit: «Où as-tu trouver ton permis de conduire... dans une pochette surprise? Sors de cette voiture, je vais la garer moi-même.» Puis il continua en lui faisant remarquer que même un débutant pouvait éviter les poteaux et pénétrer sans problème dans le garage.

Les hommes savent faire des discours sur tout: depuis les problèmes de poids aux problèmes d'ordre ménager. Mais comment pouvez-vous l'amener à descendre de son piédestal pour apprendre à vous laisser vous appuyer sur son épaule, tandis qu'il vous réconforte calmement et tendrement? Le chapitre 10 traite de la manière dont vous pouvez enseigner à votre mari – et le motiver – à vous réconforter dans ces moments où il est tenté soit de vous faire la leçon, soit de faire comme si vous n'existiez pas.

Il se comporte comme s'il était votre supérieur

Luc se comportait toujours comme s'il était plus intelligent que Béatrice et que ses idées étaient meilleures.

Luc et Béatrice avaient tous deux obtenu leur diplôme universitaire avec mention. Il avait fait des études d'ingénieur, et elle une école d'économie familiale et sociale. Les mois s'ajoutaient aux mois et Luc parlait et agissait d'une manière qui incitait Béatrice à penser qu'elle n'avait aucune capacité intellectuelle utilisable dans leur mariage. Il ne tenait jamais compte de ses conseils. Pourtant il était lui-même prompt à exprimer son opinion, même dans les domaines qui étaient les points forts de sa femme. Qu'il s'agisse de cuisine ou de la décoration d'une pièce, il était toujours là pour lui dire comment on pouvait faire mieux. De même, il faisait habituellement des comparaisons: sa spécialité par rapport à la sienne, la difficulté de son travail comparé à la facilité du sien, etc. Il lui démontrait en permanence qu'il n'appréciait pas ses qualités ni ne respectait ses talents. En bref, elle sentait qu'elle n'était qu'un faire-valoir.

Dieu n'a jamais créé la femme pour être un paillasson. Elle doit être un élément vital, générateur de vie dans le foyer. Les femmes ont de nombreuses richesses et qualités naturelles dont les hommes ne sont pas pourvus. Certaines de ces qualités sont mentionnées plus en détail au chapitre suivant. Les chapitres 11 et 12 expliquent comment votre mari peut acquérir un respect véritable ainsi que de l'admiration pour vos qualités féminines.

Il préfère d'autres personnes

Il semblait tout naturel à Bertrand de défendre Gilles; après tout, il était son meilleur ami.

Catherine n'était pas mariée depuis longtemps quand elle se rendit compte qu'elle ne devait jamais avouer à Bertrand qu'elle n'appréciait guère ses amis ou ses proches. Un jour, il vit en rentrant du travail que Catherine était encore en train de préparer le dîner. Il se réjouit parce que cela signifiait qu'il avait le temps de jouer au football avec son ami Gilles. En sortant, il dit à Catherine qu'il allait chez Gilles. Elle répliqua: «Je le déteste. Tu passes tout ton temps avec lui quand tu rentres au lieu de rester avec moi.»

Bertrand s'arrêta net et fit demi-tour. Il lui dit qu'elle devrait avoir honte d'elle-même après tout ce que Gilles avait fait pour eux. Les encouragements de Gilles les avaient aidés à rester ensemble pendant qu'ils se fréquentaient et à passer des caps difficiles pendant les premiers mois de leur mariage. Maintenant elle se comportait de façon immature et enfantine, en attaquant celui qui s'était montré plus un frère qu'un ami.

Elle se mit à pleurer et Bertrand crut qu'elle avait compris ce dont il était question: il pensait qu'elle avait honte de son attitude. Ce n'était pas tout à fait cela! Ce qu'il venait de dire démontrait sans aucune contestation qu'il lui préférait Gilles en tant que personne et ami. Au fur et à mesure que le temps s'écoulait, elle comprit – à travers ses paroles, ses actes et ses attitudes – qu'il y avait beaucoup de personnes qu'il estimait davantage qu'elle: parents, associés, amis, secrétaires, etc. Il ne prenait jamais sa défense, alors qu'il prenait le parti de quiconque elle osait critiquer.

Vous serez heureuse d'apprendre que maintenant, des années plus tard, Bertrand préfère Catherine à toute autre personne, et elle le sait. Chaque fois qu'il y a un désaccord entre elle et une autre personne (y compris sa mère), il prend son parti et aide l'autre personne à voir les choses du point de vue de Catherine. En fait, certains de ses amis proches ont du mal à comprendre pourquoi il désire passer ses moments de loisir avec sa femme plutôt qu'avec eux. Au chapitre 16, je parle de cinq pas concrets que vous pouvez faire pour amener votre mari à vous préférer aux autres.

Ce n'est pas pour mettre du piment dans votre relation qu'il sort seul

Marianne n'arrive pas à oublier «le jour» où Franck a oublié.

Franck était en voyage d'affaires, mais Marianne savait qu'elle recevrait un coup de téléphone, une carte, un télégramme ou peut-être même un bouquet de fleurs lui souhaitant un heureux anniversaire. Quand le courrier arriva vers midi, elle se précipita vers la boîte aux lettres, mais il n'y avait pas de cartes de Franck. Elle fut déçue, mais finalement elle pensa qu'il avait probablement eu une idée plus ingénieuse. Après tout, aux dires de ses associés, il était une des personnes les plus créatives de la société.

Vers sept heures du soir, elle abandonna l'idée des fleurs et du télégramme parce que c'était la fermeture des bureaux. *Il va me téléphoner,* pensa-t-elle. Finalement elle s'endormit vers minuit – il n'y avait toujours rien. Le lendemain, elle n'avait pas le moral, mais s'imaginait qu'il aurait l'idée de lui rapporter une surprise. Il revint à la maison les mains vides. Il avait complètement oublié que c'était son anniversaire. Elle n'a jamais rien dit, mais, après seize ans de mariage, elle n'a toujours pas oublié. En fait, elle reconnaît qu'il ne fait plus toutes ces choses romantiques qu'il avait l'habitude de faire quand ils étaient plus jeunes. Presque tout ce qui est touchant, ces « petites attentions» inattendues ont disparu.

N'est-il pas étonnant de voir que certains hommes, si romantiques avant leur mariage, perdent totalement cette habitude après? Il semblerait presque qu'une partie de leur cerveau ait été amputée au moment où ils ont dit «oui». Ils ne peuvent littéralement pas imaginer comment ils pourraient être attentionnés. Quand ils sont directement confrontés à cette question, ils sont prompts à répondre: «Eh bien, que veux-tu que je fasse pour toi, t'acheter des fleurs, ou quelque chose de ce genre?» Comme si avec un seul geste, ils pouvaient tout arranger! N'est-ce pas ironique... Avant le mariage, nul besoin de leur suggérer des idées à ce sujet, et maintenant, ils ont tout à apprendre!

Il y a d'autres façons d'agir et de faire des commentaires déplacés qui peuvent être la source de blessures, causant une dépression et un désespoir profonds. Certaines des blessures les plus douloureuses que vous ressentez viennent du fait que vous avez été critiquée parce que vous avez simplement réagi à ses défauts. Durant des années, j'ai pensé qu'un de mes proches amis s'était marié avec une mégère. Puis je me suis rendu compte que son caractère acariâtre était dû en partie à l'irresponsabilité et la paresse de mon ami.

Une autre connaissance me dit qu'elle aurait bien aimé expliquer à son mari que c'était lui qui lui avait appris à crier. C'était le seul moyen de capter son attention, tellement il était absent. Je suis heureux de dire qu'elle a appris à obtenir son attention – ce qui a été encourageant pour l'un et l'autre.

Le but de ce livre est de vous doter de moyens constructifs qui vous permettront de bâtir et de consolider votre relation et de la baser sur un véritable amour durable. Ne croyez pas qu'il soit trop tard. J'ai vu de nombreux mariages qu'on considérait comme des «causes perdues» reconstruits au-delà des espérances les plus folles de la femme. Et il n'y a pas de raison que le vôtre fasse exception à la règle. Cependant, avant que nous allions plus loin, il est nécessaire d'exposer un certain nombre de différences, dont on parle rarement, entre homme et femme. Celles-ci doivent être comprises si on veut profiter pleinement des principes que nous aborderons plus loin.

Réflexion personnelle

Le principe biblique du pardon contient deux arguments de poids:

1. Libérer une personne de la juste culpabilité et des conséquences des actes envers nous.
2. Libérer une personne de la principale cause de son attitude agressive.

Avez-vous déjà envisagé d'aider votre mari pour qu'il apprenne comment il vous blesse. Vous pouvez aussi l'aider à se libérer de tout ce qui l'amène à vous faire du mal?

Le pardon est l'œuvre de toute une vie (Matthieu 18:21-22). Combien de fois devons-nous pardonner aux autres?

3

Les raisons profondes de certains comportements masculins

«... *Et que la femme respecte son mari.*» *(Ephésiens 5:33)*

Comment un homme peut-il blesser sa femme par des paroles qui lui brisent le cœur et, une heure plus tard, s'attendre à ce qu'elle réponde à ses avances? Pourquoi un homme fait-il des remontrances à sa femme quand il voit qu'elle est traumatisée? Comment un homme peut-il rester de marbre alors que sa femme pleure et a désespérément besoin de sa compassion et de sa sollicitude?

Ces situations ne sont pas des exceptions: elles sont la règle au sein des couples modernes. Quand ils viennent me voir pour me demander de l'aide, ils sont surpris que je ne tombe pas à la renverse, choqué par ce qu'ils me racontent. Ils ne peuvent pas croire que cela n'arrive pas qu'à eux. Chaque mariage et chaque personne est unique; cependant les problèmes que les gens affrontent sont pratiquement universels.

Beaucoup de problèmes vécus par les couples découlent d'une cause unique: l'homme et la femme sont *totalement* différents l'un de l'autre. Ces différences – affectives, mentales et physiques – sont tellement considérables que si un mari et sa femme ne font aucun effort pour se comprendre mutuellement, il leur est presque impossible d'être heureux. Un psychiatre a déclaré: «Après avoir observé des femmes pendant trente ans, je me demande: ‹Que veulent-elles au juste?›» S'il en arrive, lui, à cette conclusion, vous pouvez imaginer combien votre mari a du mal à vous comprendre!

Le propos de ce chapitre est de vous aider à prendre conscience de certaines différences entre vous et votre mari. Celles-ci sont à la base de la plupart des problèmes qui se posent dans votre relation. Ce chapitre devrait vous encourager parce qu'il vous permettra de voir pourquoi votre mari fait un bon nombre des choses qui vous blessent.

Sans doute, avez-vous toujours supposé qu'il se soucie très peu du mal qu'il vous fait.

En réalité, bon nombre des actes qui vous froissent et qui témoignent un manque de sensibilité sont simplement imputables à sa nature masculine. Cela ne veut pas dire que vous devez vous résigner à vivre avec un homme dur et insensible – bien au contraire! Une fois que vous aurez compris les différences fondamentales que nous allons exposer, vous serez capable de l'aider à découvrir et à extérioriser ses qualités naturelles. Avant de nous pencher sur des différences physiologiques et psychologiques précises, permettez-moi d'attirer votre attention sur des différences générales et sur la façon dont elles affectent votre relation conjugale. Le meilleur exemple qui me vient à l'esprit pour les illustrer est de comparer un papillon à un bison. Le papillon a une sensibilité très vive. Il se laisse emporter par la brise la plus légère. Il volette au-dessus du sol et peut ainsi avoir une vue panoramique de ce qui l'environne. Il est réceptif à la beauté de la moindre des fleurs. A cause de sa sensibilité, il remarque constamment les changements de son environnement et il peut prendre en compte la moindre variation de son milieu. Ainsi, le papillon réagit rapidement à tout ce qui pourrait mettre sa vie en danger. (Essayez d'en attraper un sans filet!) Si un tout petit caillou touchait ses ailes, il serait gravement blessé et pourrait même mourir.

Pour le bison, c'est une autre histoire. Il est dur et insensible à la douleur et rien ne peut l'ébranler. Il est aussi peu affecté par une brise printanière que par un coup de vent violent. Il écrase les fleurs sous ses sabots comme si elles n'existaient pas et il n'est guère sensible aux changements qui affectent son environnement. Jetez un caillou sur le dos du bison et il est probable qu'il ne s'en rende même pas compte.

Le bison n'est pas «un sale muffle», même s'il piétine les fleurs. En fait, sa résistance est un atout formidable. Quand on lui met un harnais, sa vigueur lui permet de tirer une charrue que quatre hommes ne pourraient pas faire bouger.

L'analogie devrait être évidente. Votre mari est le bison (n'acquiescez pas trop fort!) et vous êtes le papillon.

Il a sans doute tendance à foncer à travers les circonstances, tandis que vous êtes beaucoup plus sensible à la vie et à votre environnement. Le caillou qui blesse les ailes du papillon peut prendre la forme d'une remarque sarcastique, d'une critique acerbe ou même d'une attitude indifférente. Quoi qu'il en soit, elles peuvent vous faire mal et même vous écraser, et il ne se rendra pas compte de ce qu'il a fait.

L'analogie s'arrête là, car le bison ne pourra jamais avoir la sensibilité du papillon, et le papillon n'aura jamais la vigueur du bison. Tel n'est pas le cas de votre relation conjugale. Votre mari *peut* apprendre à être prévenant, sensible et romantique, mais il n'apprendra probablement pas de lui-même. Voilà pourquoi j'ai écrit ce livre... pour vous montrer comment vous pouvez l'aider. Il faut que vous vous rendiez compte que votre mari ne comprend pas combien ses paroles cinglantes et ses attitudes d'indifférence affectent réellement vos sentiments. Il est capable d'apprendre, mais il a besoin de votre aide!

A présent, examinons les dissimilitudes entre les hommes et les femmes. Nous parlerons des différences mentales, affectives, physiques, sexuelles et intuitives. Aucune de ces parties n'est exhaustive, loin de là, mais chacune vous permettra au moins de mieux comprendre les différences que nous aborderons.

Différences affectives et mentales

Les femmes ont tendance à être davantage «centrées sur la personne» que les hommes. Elles attachent un intérêt plus grand aux personnes et aux sentiments, tandis que les hommes ont tendance à être plus préoccupés par les aspects pratiques, par ce que l'on peut comprendre par déduction logique.

Cecil Osborne dit que les femmes tendent à s'impliquer dans la vie des personnes qu'elles connaissent et des choses qui les entourent; elles forment une espèce d'osmose avec leur entourage. L'homme est en relation avec les gens et les situations, mais en général il ne permet pas à sa personnalité de se fondre avec eux. D'une façon ou d'une autre, il reste à part. C'est pourquoi une femme, concevant sa maison comme une extension d'elle-même, peut facilement être blessée quand celle-ci est critiquée par les autres. (Une femme d'une cinquantaine d'années me disait qu'elle aime recevoir une carte ou des fleurs de la part de son mari parce qu'elles l'empêchent de s'identifier totalement avec sa maison et sa famille. Le cadeau la singularise en tant qu'individu, avec son identité particulière et sa valeur personnelle.)

A cause de l'identification affective d'une femme avec les gens et les lieux qui l'entourent, il lui faut davantage de temps qu'à un homme pour s'adapter à un changement quelconque. Un homme peut voir (de façon logique) les bénéfices d'un changement et s'y préparer psychologiquement en peu de temps. Il n'en va pas de même pour une femme.

Elle se polarise sur les conséquences immédiates du changement et sur les difficultés qu'il peut entraîner pour elle et la famille. Elle a besoin d'un temps d'adaptation avant de pouvoir s'enthousiasmer à propos des avantages qu'apporte un changement.

Etienne et Brigitte avaient du mal à joindre les deux bouts. La petite entreprise d'Etienne l'occupait dix heures par jour, tandis que son épouse faisait au moins ses 8 heures de bureau (et elle était enceinte de sept mois). Etienne partit dans l'Est présenter ses idées à un multi-millionnaire. L'homme fut impressionné et fit à Etienne une proposition alléchante. Ce dernier piaffait d'impatience pour téléphoner à Brigitte et lui annoncer la bonne nouvelle.

Il lui avait fallu moins de cinq minutes pour accepter l'offre. C'était la seule chose «raisonnable» à faire dans la situation présente. Il appela Brigitte et lui fit part de la nouvelle dans un ordre «logique» pour qu'elle puisse être aussi enthousiaste que lui. Il lui expliqua: «En premier lieu, tu n'auras plus besoin de travailler. Ensuite, je toucherai 20% des bénéfices (ce qui veut dire que je serai millionnaire dans un an). Pour finir, tu ne peux imaginer combien la nature est belle aux environs de cette ville, et il va prendre en charge les frais de notre déménagement.»

Etienne fut choqué quand Brigitte commença à sangloter de façon incontrôlable. Il crut d'abord qu'elle pleurait de joie. (Je sais que c'est difficile à croire qu'il ait pu le penser, mais souvenez-vous que les hommes peuvent avoir la sensibilité d'un bison.) Dès que Brigitte eut repris son souffle entre deux sanglots, elle put poser quelques questions qu'Etienne considéra comme totalement ridicules (en fait, il pensait qu'elle avait perdu la tête). Elle lui posa des questions du genre «Et nos parents?» «Qu'allons-nous faire de notre appartement – je viens juste de terminer la décoration de la chambre du bébé?» A la troisième question, Etienne, avec toute sa «sensibilité» masculine, raccrocha brutalement. Elle avait eu l'audace de lui demander s'il avait oublié qu'elle était enceinte de sept mois!

Après lui avoir laissé une heure ou deux pour reprendre ses esprits, il la rappela. Elle avait repris contenance et accepta de déménager dans l'Est. Cela signifiait qu'elle devait quitter ses parents, ses amis, son docteur, arrêter ses cours d'accouchement sans douleur et abandonner la chambre d'enfant qu'elle avait préparée avec amour.

Brigitte mit presque huit mois à s'adapter à ce changement – alors que cela n'avait demandé que quelques minutes à son mari. Etienne ne gagna jamais son million... L'entreprise fit faillite huit jours avant la naissance du bébé, et ils redéménagèrent à un autre endroit, encore à 5000 kilomètres de chez eux. Etienne apprit sa leçon et, aujourd'hui, il ne prend aucune décision concernant un changement majeur sans que Brigitte ne soit pleinement d'accord. Il essaie de lui donner amplement le temps de s'adapter à une situation nouvelle dès qu'il en voit les premiers signes. Cependant, Etienne n'oubliera jamais les sacrifices que sa femme fit si souvent par amour pour lui. Il se rend même compte que des questions telles que «Et nos parents?» ou «et la chambre d'enfant?» peuvent avoir plus d'importance que tout l'argent du monde.

Différences physiques

Selon Paul Popenoe, le fondateur de l'Institut Américain des Relations Familiales à Los Angeles, on pourrait écrire un livre entier sur les différences biologiques entre les sexes, en excluant les différences liées à la reproduction. Voici quelques-unes de ces différences:
- Hommes et femmes diffèrent par chaque cellule de leur corps. Cette différence dans la combinaison chromosomique est la cause fondamentale du développement en tant qu'homme ou femme, selon le cas.
- La femme a une vitalité physique plus grande, peut-être à cause de la différence chromosomique. Normalement, son espérance de vie est supérieure de trois ou quatre ans à celle de l'homme.
- Le métabolisme de base de la femme est généralement plus lent que celui de l'homme.
- Leur squelette est différent. La femme a un crâne plus petit, un visage plus large, un menton moins protubérant, des jambes plus courtes et un buste plus long.

Il y a aussi des différences internes. La femme a un estomac, des reins, un foie et un appendice plus grands, mais de plus petits poumons que l'homme. La femme a plusieurs fonctions physiologiques essentielles qui sont totalement absentes chez l'homme: la menstruation, la grossesse, l'allaitement. Les hormones féminines sont différentes et plus nombreuses que celles des hommes. Ces différences hormonales influent sur le comportement et les sentiments.

La glande thyroïde se comporte différemment suivant le sexe. La thyroïde de la femme est plus grande et plus active. En conséquence, elle grossit pendant la grossesse et les menstrues; elle la rend plus sujette aux goîtres, plus résistante au froid; il semble que c'est elle qui lui donne une peau plus douce et un corps beaucoup moins «poilu», ainsi qu'une fine couche de graisse sous-cutanée.

Le sang de la femme contient plus d'eau que celui de l'homme (20 % moins de globules rouges). Comme les globules rouges apportent l'oxygène aux cellules du corps, elles se fatiguent plus facilement et sont plus sujettes à l'évanouissement.

La force physique d'un homme est de 50 % supérieure à celle d'une femme.

Le cœur de la femme bat plus rapidement. La tension peut varier, mais elle est beaucoup moins sujette à l'hypertension – du moins jusqu'à la ménopause.

La capacité respiratoire de la femme est nettement moindre que celle de l'homme.

La femme supporte mieux les hautes températures que l'homme parce que son métabolisme se ralentit moins.

Différences sexuelles

Le désir sexuel de la femme tend à être lié à son cycle menstruel, tandis que celui de l'homme est à peu près constant. La testostérone est l'hormone qui joue un rôle essentiel dans la stimulation du désir sexuel masculin. La femme est davantage stimulée par le toucher et les mots doux. Elle est nettement plus attirée par la personnalité d'un homme, alors que l'homme est stimulé par la vue d'un corps féminin. Les hommes ont habituellement moins de discernement à l'égard de celles vers qui ils sont attirés.

Alors que l'homme ne nécessite que peu ou pas de préparation à l'acte sexuel, la femme a besoin d'être émotionnellement et mentalement préparée, souvent des heures à l'avance. L'approche sexuelle exige une tendre sollicitude, alors que la brutalité ou les mauvais traitements peuvent facilement lui faire perdre tout désir pendant plusieurs jours de suite. Quand les émotions d'une femme ont été malmenées par son mari, elle peut être dégoûtée par ses avances. Beaucoup de femmes m'ont dit qu'elles se sentent comme des prostituées quand leur mari les force à avoir des relations sexuelles alors qu'elles ont de la rancune à son égard. Néanmoins, il est possible qu'un homme ne se doute aucunement de ce qu'il fait vivre à sa femme quand il agit ainsi.

Ces différences fondamentales peuvent être la source de nombreux conflits dans le couple. Et ils font habituellement surface après la cérémonie du mariage. La femme a intuitivement de plus grandes facultés pour développer une relation d'amour. A cause de sa sensibilité, elle est au départ plus attentive à ses sentiments et plus enthousiaste pour développer une relation qui ait un sens à différents niveaux: autrement dit une relation plus complexe que la simple relation sexuelle. Elle veut être tout à la fois la maîtresse, la meilleure amie, l'admiratrice, la femme au foyer et la partenaire appréciée. L'homme, de son côté, n'a en général pas intuitivement conscience de ce que devrait devenir une relation. Il ne sait pas comment encourager et aimer sa femme, et comment la traiter de façon à répondre à ses besoins les plus profonds.

Comme il n'a pas de compréhension intuitive de ces domaines vitaux, il est obligé de se fonder *uniquement* sur les connaissances et les aptitudes qu'il a acquises dans ce domaine avant de se marier. Malheureusement, notre système d'éducation ne nous fournit pas de formation préalable au mariage. Souvent la seule formation que reçoivent les hommes sont les «enseignements pratiques» qu'ils ont reçus dans leurs familles. Pour beaucoup d'entre nous, il est fort possible que cet exemple ait été insuffisant. La plupart des hommes se marient en sachant tout – ou presque – au sujet de la sexualité, mais très peu de ce qu'est un véritable amour dépourvu d'égoïsme. Votre exemple et votre aide peuvent être le seul espoir pour votre mari d'acquérir les compétences et les dons nécessaires pour vous aimer vous et vos enfants de la façon qui convient.

Je ne dis pas que les hommes sont plus égoïstes que les femmes. Je dis simplement qu'au début de la vie de couple, l'homme n'est pas aussi équipé qu'une femme pour *exprimer* l'amour. (Vous et moi savons qu'une femme peut être tout aussi égocentrique qu'un homme.)

Différences au niveau intuitif

Nicolas avait l'intention d'investir plus de 100.000 francs dans une affaire «solide». Il avait évalué cette affaire sous tous ses angles et en avait logiquement déduit qu'elle ne pouvait pas échouer. Après avoir signé le contrat et donné un chèque à l'autre partie, il décida que le moment était venu d'en parler à sa femme.

Lorsqu'elle entendit certains détails, elle ressentit immédiatement un malaise. En prenant conscience du malaise de sa femme, Nicolas se mit en colère et lui demanda pourquoi elle considérait les choses de cette façon-là. Elle ne pouvait pas donner d'explication logique, car elle n'en avait aucune. Tout ce qu'elle savait était que «quelque chose ne tournait pas rond». Nicolas s'avoua vaincu, retourna voir l'autre partie et lui demanda de le rembourser. On lui dit qu'il était fou, mais on lui rendit son argent. Quelque temps plus tard, les organisateurs et les investisseurs furent inculpés. L'intuition de sa femme lui avait non seulement permis d'économiser une somme rondelette, mais lui avait peut-être permis d'éviter la prison.

Qu'est-ce exactement que l'intuition féminine? Ce n'est pas quelque chose de mystique; c'est plutôt une perception inconsciente de détails minimes qui sont parfois tangibles et quelquefois abstraits. Comme il s'agit d'un phénomène «inconscient», une femme n'est souvent pas capable d'expliquer rationellement ce qu'elle ressent. Elle perçoit simplement ou «sent» quelque chose au sujet d'une situation ou d'une personne, tandis qu'un homme a plutôt tendance à faire une analyse logique.

Sachant maintenant que les hommes et les femmes ne peuvent pas comprendre leurs différences mutuelles sans effort, je crois que ce chapitre vous a donné un peu plus d'espoir, de patience et de tolérance tandis que vous vous efforcez de fortifier et d'approfondir votre relation avec votre mari. Ayant cela en tête, nous sommes prêts à découvrir ensemble comment vous pouvez aider votre mari à devenir plus sensible.

Réflexion personnelle

En quoi êtes-vous différente de votre mari lorsqu'il s'agit de développer des relations. Citez des exemples concernant les domaines suivants:

– entre vous
– vis-à-vis de vos enfants
– vis-à-vis de vos proches
– vis-à-vis de vos amis
– vis-à-vis de votre église.

4

Aidez votre mari à être plus sensible

« Une réponse douce calme la fureur, mais une parole dure excite la colère. » (Proverbes 15:1)

Au bout de vingt-cinq ans de célibat, Sandrine finit par épouser l'homme de ses rêves. Elle avait fréquenté Serge durant quatre ans et estimait qu'elle le «connaissait comme sa poche». Durant le temps de leurs fiançailles, ils avaient connu des hauts et des bas, mais tout bien considéré, elle était persuadée que leur amour était si fort que «vivre heureux jusqu'à la fin de leurs jours» allait être simple et qu'ils n'auraient aucun mal à s'adapter l'un à l'autre.

Le jour du mariage arriva enfin, et tout fut comme elle l'avait rêvé: Serge était vraiment le prince charmant. La lune de miel suivit. Là, elle découvrit un côté de Serge qu'elle ignorait. Le quatrième jour de leur voyage de noces, Serge pensa que Sandrine aimerait voir l'endroit où il avait travaillé pendant l'été quand il était à l'université. Aussi entreprirent-ils une excursion d'environ huit kilomètres à 2600 mètres d'altitude sur les hauts-plateaux (ce que toute femme rêve de faire le quatrième jour de sa lune de miel). En arrivant à destination, elle était épuisée. Comme ils devaient être rentrés avant la tombée de la nuit, ils ne purent se reposer qu'un tout petit moment.

A l'arrivée à l'hôtel, elle comprit pour la première fois ce que cela signifiait d'être physiquement épuisée. Le prince charmant était fatigué lui aussi: ils allèrent donc se coucher. (En réalité, il sauta dans le lit, et elle s'y traîna.) A sa stupéfaction, il n'avait aucune envie de dormir: il avait des choses beaucoup plus excitantes en tête! Elle réalisa alors que son mariage risquait fort de connaître une longue série de conflits inextricables entre deux natures égoïstes, chacun exigeant que son propre besoin soit satisfait sans tenir compte des besoins de l'autre.

Elle s'était mariée en pensant que Serge se consacrerait à combler toutes ses aspirations. Après tout, n'avait-il pas promis dans ses engagements de mariage qu'il l'aimerait et la chérirait pour le meilleur et pour le pire, dans la richesse ou la pauvreté, en bonne santé ou dans la maladie, et jusqu'à ce que la mort les sépare? Il y ajouta même par écrit qu'il lui promettait de pourvoir à tous ses besoins pendant le restant de sa vie. Mais ces promesses ne tardèrent pas à devenir des paroles creuses et, manifestement, ses intérêts à elle passaient après les siens.

Elle pensa qu'une explication directe pourrait l'amener à s'amender – en lui demandant de différentes manières de prendre davantage en compte ses aspirations. Au bout de huit ans, les choses n'avaient fait qu'empirer. Elle se résigna finalement, pensant que sa relation avec Serge ne s'améliorerait jamais. Serge était convaincu que, s'ils avaient des problèmes conjugaux, c'était la faute de Sandrine. Il la trouvait exigeante et querelleuse. Il était tombé très bas dans l'estime de sa femme, et celle-ci avait quasiment perdu tout respect pour lui.

Aujourd'hui, six ans plus tard, Serge n'est plus ce mari égocentrique, inconsidéré et exigeant. Les yeux de Sandrine brillent quand elle parle de toutes les manières dont il lui prouve quotidiennement son amour, dont il lui témoigne toute sa considération et fait passer ses besoins avant les siens. Il est devenu cet homme sensible dont elle avait tant rêvé. Il lui donne la force qui lui est nécessaire, ce qui ne l'empêche pas de lui témoigner son amour par sa gentillesse et ses attentions.

Que s'est-il passé? Sandrine a simplement mis en pratique cinq principes essentiels chaque fois qu'elle voulait parler à Serge de son manque de sensibilité.

Personne n'apprécie les critiques ou les reproches, qu'ils soient justifiés ou non. Que nous soyons hommes ou femmes, que nous ayons six ou soixante ans, nous nous mettons automatiquement sur la défensive, quand quelqu'un nous fait une remarque. Cependant, une communication honnête est vitale pour qu'un mariage tienne. Ces deux vérités fondamentales semblent contradictoires. Comment dites-vous honnêtement à celui que vous aimez une chose que vous trouvez déplaisante ou exaspérante en lui, sans faire naître ce regard furibond ou ce haussement d'épaule indifférent qui vous est familier?

Il est plus facile d'accroître la sensibilité de votre mari par des méthodes indirectes que par une confrontation directe!

Les cinq principes suivants résument cette approche indirecte. Un mari est beaucoup plus ouvert à vos commentaires à propos de son insensibilité quand vous les exprimez en adoptant les cinq principes suivants.

1. Apprenez à exprimer vos sentiments en adoptant trois attitudes d'amour: chaleur, empathie, sincérité.

Ce sont des mots qui vous sont sans doute familiers, mais que signifient-ils? Pourquoi sont-ils nécessaires?

a. *La chaleur* est la cordiale acceptation d'une personne. C'est le fait de la considérer comme suffisamment importante pour lui consacrer votre temps et vos capacités, pour partager ses soucis, non parce qu'elle l'a mérité, mais parce que c'est un être humain.

b. *L'empathie* est la capacité de comprendre une personne et de s'identifier avec ses sentiments, tout simplement en s'efforçant de vous mettre à sa place et de voir la situation de son point de vue.

c. *La sincérité* est le désir de témoigner un véritable intérêt à une personne sans changer d'attitude envers elle quand les circonstances évoluent.

Votre mari risque de refuser votre aide, à moins qu'il ne voie ces trois attitudes en vous. Ce sont des attitudes que tout être humain peut développer. (Les psychiatres se rendent de plus en plus compte qu'à moins d'adopter envers leurs patients ces trois attitudes, ceux-ci rejetteront leur aide. En fait, beaucoup de professionnels disent qu'un patient peut être davantage aidé par un ami qui exprime ces trois attitudes que par un professionnel qui en est dénué.)

L'évolution qu'ont connue Sandrine et Serge dans leur relation est à la portée de n'importe quel couple, y compris le vôtre! Ce qui est formidable, c'est que vous n'avez pas besoin d'attendre que votre mari change, même si c'est lui la principale source de vos problèmes. Vous pouvez prendre l'initiative, et les changements dont nous avons parlé ne tarderont pas à se produire!

2. Apprenez à lui faire part de vos sentiments quand vous êtes en colère ou irritée sans l'accuser.
Jerry R. Day, psychologue, recommande vivement aux femmes de ne pas utiliser le «c'est toi qui». Par exemple: «Tu me rends malade» ou «tu es toujours en retard» ou «tu as toujours réponse à tout». Les reproches poussent généralement votre mari à se buter, à déterrer la hache de guerre ou à fuir votre présence sans résoudre le problème. D'une façon ou d'une autre, cela le rend plus déterminé à suivre sa propre voie et vous fait perdre du terrain.

Par exemple, la critique «*Tu* arrives toujours en retard à la maison» l'incitera généralement à penser: «Qu'est-ce qui l'autorise à organiser mon emploi du temps? Elle n'est pas le nombril du monde. Je rentre chez moi à l'heure qui me plaît!»

Le fait de dire: «Est-ce que tu ne pourrais pas prendre mes sentiments en considération, pour changer?» l'incite à rétorquer: «Tes sentiments? Et les miens alors?» Ou dire: «Ne pourrais-tu pas te lever plus tôt et prendre soin des enfants pour une fois?» l'amènera sans doute à se dire: «Je n'arrive pas à comprendre pourquoi je travaille dur toute l'année pour cette famille! Voilà qu'elle veut que je me charge en plus de ses tâches!»

3. Apprenez à attendre jusqu'à ce que votre colère se soit calmée avant d'évoquer une question délicate.
Peu importe ce que vous dites ou comment vous le dites: si vous êtes énervée ou irritée à ce moment-là, vous susciterez sans doute une réaction négative de sa part. C'est pourquoi prenez le temps de vous calmer, gardez votre calme ou bien passez à un sujet dont vous pouvez parler sans conflit. Si votre mari veut savoir pourquoi vous ne sortez pas de vos gonds et pourquoi vous changez de sujet, dites-lui tranquillement: «J'ai besoin d'un peu de temps pour réfléchir à la question, afin de mieux comprendre mes propres sentiments». (*Je ne dis pas* que vous

devez – et pouvez – débarrasser votre vie de tout sentiment de colère. Je sais combien il est difficile de surmonter votre irritation. Cependant, quand vous êtes dans une telle situation, évitez de discuter d'une question délicate sous le coup de la colère. Ainsi, aucun d'entre vous ne prononcera des paroles qu'il regrettera par la suite.)

4. Une fois calmée, ne lui faites pas de reproches, mais exprimez vos sentiments.
Voici quelques exemples: au lieu de provoquer une explication avec votre mari qui rentre tard en lui lançant dès qu'il franchit le seuil de la porte: «Tu ne rentres jamais à l'heure», accueillez-le par une parole compréhensive comme: «Tu as sans doute passé une journée harassante» ou «je parie que tu es fatigué». *Plus tard* (peut-être même un ou deux jours plus tard, à un moment où il est détendu), faites-lui part de vos sentiments. Si vous pouvez partager vos sentiments sous une forme nouvelle et positive, c'est encore mieux. Par exemple: «Tu sais, je me sens vraiment aimée et appréciée quand tu rentres à la maison à l'heure pour dîner ou quand tu me préviens que tu seras en retard. C'est ainsi que tu me témoignes ton amour. J'en ai vraiment besoin».

Ne réveillez pas votre mari en lui lançant: «Ne peux-tu pas te lever plus tôt et m'aider à m'occuper des enfants pour une fois?» Attendez au contraire le moment où il n'est plus fatigué pour lui dire quelque chose comme: «Tu consacres tellement d'énergie à ton travail pour le bien-être de notre famille. J'aimerais bien en avoir autant que toi pour ne pas devoir te demander ton aide le matin; mais j'ai vraiment besoin de toi, sinon j'ai bien peur de ne pas avoir la force de satisfaire tes besoins à toi. Or, prendre soin de toi est plus important que n'importe quelle autre chose pour moi». Ou: «Tu fais tellement d'efforts pour subvenir aux besoins de notre famille que je m'en veux à l'idée de te demander quoi que ce soit de plus. Mais il y a une chose que tu pourrais faire pour que je me sente réellement importante à tes yeux. Le fait de préparer les enfants pour l'école crée une tension que j'ai du mal à supporter. Cela m'aiderait à sentir que tu m'aimes vraiment si tu me donnais un coup de main quand je dois les préparer».

En apprenant à exprimer calmement vos sentiments, vous atténuerez petit à petit cette tendance à réagir avec colère. Cela prendra sans doute du temps, mais si vous persistez, vous verrez des changements se produire. Le principe selon lequel «une réponse douce calme la fureur» (Proverbes 15:1) est valable aussi longtemps que votre réponse douce n'est pas prononcée dans une attitude sarcastique ou de satisfaction de soi.

Vous devriez exprimer vos sentiments jusqu'à ce que votre mari comprenne. Vous risquez même d'être obligée de lui répéter encore et encore qu'un certain comportement de sa part vous donne l'impression de ne pas avoir de valeur à ses yeux. Dans un premier temps, il se défendra et vous expliquera pourquoi vos sentiments sont injustifiés ou illogiques. Dites-lui que vous ne cherchez pas à justifier ce que vous éprouvez; vous essayez simplement de les lui expliquer franchement. Qu'il les estime logiques ou non, cela ne change rien au fait que c'est ce que vous ressentez. Vous êtes unique, et même si vous étiez la seule personne au monde à avoir ces sentiments, il doit comprendre ce que vous ressentez.

5. *Renoncez aux «Je te l'avais bien dit».*
De telles affirmations peuvent prendre des formes multiples et devraient être totalement supprimées de votre vocabulaire. Elles expriment de l'arrogance et de l'égocentrisme et causent davantage de tort qu'elles ne font de bien dans votre relation conjugale. Voici quelques façons typiques de l'exprimer:

– Si tu avais fait ce que je t'avais dit de faire...
– Je le savais!
– C'est exactement ce que je pensais!
– Je t'avais simplement demandé de me rendre un service et toi tu...
– Tu ne me feras jamais croire cela!
– Tu ne seras jamais capable de m'écouter, n'est-ce pas? Tu vois, je l'aurais parié!
– Il faut toujours que tu n'en fasses qu'à ta tête, n'est-ce pas?

– Eh bien, j'espère que tu es content?
– Je ne vais pas te le redire trente-six fois!
– Peut-être qu'un jour, tu tiendras compte de mes conseils.

Citez au moins cinq manières dont vous exprimez votre «Je te l'avais bien dit»:

1. _____
2. _____
3. _____
4. _____
5. _____

En appliquant certains principes dont nous avons parlé dans ce chapitre, vous connaîtrez sans doute des échecs et vous en ressentirez une certaine frustration. Quelques-uns de vos efforts les plus louables risquent d'être critiqués ou tournés en dérision, mais ne vous laissez pas abattre. Il existe un principe vieux comme le monde et qui se vérifie jour après jour dans les relations conjugales: Vous récoltez ce que vous semez. Si vous persistez à développer et à exprimer les qualités décrites dans ce chapitre, vous finirez par les voir se développer chez votre mari.

Selon Howard Hendricks, des enquêtes révèlent que les enfants ont plus tendance à suivre les idéaux et l'éducation de leurs parents à cause de ce qu'ils *voient* chez eux plutôt qu'à cause de ce qu'ils *entendent.* Je crois que le même principe est applicable à la relation mari-femme. Quand votre mari voit en vous les qualités que vous désirez qu'il développe, cela l'incitera à faire des efforts pour acquérir ces mêmes qualités.

Réflexion personnelle

Rédigez dix phrases gentilles que vous pourriez prononcer à des moments d'irritation à l'égard de votre conjoint. Rappelez-vous Proverbes 15:1.

5

Incitez votre mari à vous écouter

«Or, il ne faut pas que le serviteur du Seigneur ait des querelles. Il doit au contraire être affable envers tous, avoir le don d'enseigner et de supporter...» (2 Timothée 2:24)

Laurence avait fait un très bon mariage, si l'on en juge par les critères actuels. Elle considérait que son mari était un excellent père et subvenait correctement aux besoins de la famille. Cependant, l'aspect romantique avait totalement disparu de leur relation et l'affection qu'elle éprouvait pour Marc passait par de nombreux hauts et bas. Elle décida de s'appliquer à transformer son mariage en ce qu'elle voulait qu'il soit. Aussi se mit-elle à lire un certain nombre de livres afin de trouver la réponse qui lui permettrait d'être une meilleure épouse, et son enthousiasme grandissait de jour en jour.

Au bout de plusieurs semaines, elle tomba sur deux livres écrits à l'intention des hommes leur donnant des conseils pour consolider leur mariage. Elle les rapporta à la maison et décida de les donner à Marc après le dîner. Le moment de vérité arriva enfin. Elle se dirigea vers son mari, sourire aux lèvres, et lui dit: «Chéri, j'ai fait de gros efforts ces derniers temps pour apprendre à être une meilleure épouse et mieux répondre à tes besoins. J'ai aussi trouvé deux livres qui aident les maris à mieux comprendre leur femme. Est-ce que tu peux me faire le plaisir de les lire?»

Marc la toisa d'un air condescendant et dit: «On verra!». Elle ne renonça pas devant ce signe certain de défaite et lui suggéra, un peu plus prudemment: «Depuis quelque temps, j'ai lu pas mal de livres et j'ai vraiment essayé de redonner un nouveau souffle à notre mariage. Lire ces deux livres, c'est le moins que tu puisses faire pour moi!»

Marc invoqua l'excuse numéro quatre des dix excuses masculines les plus utilisées. Il expliqua simplement: «Chérie, tu sais combien je suis débordé de travail ces derniers temps. J'essayerai de m'y mettre quand mon emploi du temps sera moins chargé.» Elle savait qu'il ne les lirait pas de si tôt, car en neuf ans de mariage, elle n'avait jamais vu son emploi du temps s'alléger.

Or, Laurence aurait pu dire quelque chose qui aurait motivé Marc à lire les deux livres en un temps record. En fait, il aurait sans doute mis les bouchées doubles en dehors de ses heures de travail pour en achever la lecture dès le lendemain.

Je ne vous donne pas ce principe pour que vous l'appliquiez comme un instrument de manipulation. Je vous en fais part parce qu'il peut vous aider à nouer une conversation avec votre mari dans une atmosphère plus affecteuse et en ayant toute son attention. Ce faisant, vous serez en mesure de déterminer quels sont ses besoins les plus intimes et de vous consacrer sans égoïsme à y répondre. Cela s'appelle le «principe du sel». Le sel donne soif, et le but de ce principe est de créer «la soif de mener une conversation constructive» au cours de laquelle vous et votre mari pourrez apprendre à connaître vos besoins.

En bref, voici ce principe:
Ne communiquez jamais une information que vous considérez comme importante sans d'abord susciter une intense curiosité chez votre interlocuteur.

Ce principe est tellement facile à apprendre qu'il est même à la portée d'un enfant. Un jour, ma fille de sept ans arriva en larmes à la maison. Je l'appelai et demandai ce qui n'allait pas. Elle me dit que sa petite amie ne lui prêtait jamais attention. Chaque fois que Kari voulait lui dire quelque chose, son amie l'interrompait. Elle me dit qu'elle avait l'impression de n'avoir rien d'important à raconter, puisque sa meilleure amie ne l'écoutait jamais.

Je demandai à Kari si elle voulait que je lui indique ce qu'elle devait faire pour que son amie l'écoute. Elle sauta sur mes genoux et fut toute ouïe. «Que voulais-tu dire à ton amie?» Elle répondit: «Je voulais lui dire ce que j'avais fait avec ma maison de poupée, mais elle ne voulait rien savoir». Je dis à Kari que tout d'abord elle devait susciter l'intérêt de son amie en mentionnant une ou deux choses qui lui donnerait envie d'en entendre davantage. Il fallait qu'elle en parle avec *enthousiasme.* Nous décidâmes qu'elle pourrait dire quelque chose comme: «Tu ne devineras jamais ce que j'ai fait de ma nouvelle maison de poupée!» Puis elle ferait une pause et reviendrait à la charge en disant: «Même mes parents avaient du mal à croire ce que j'ai fait avec cette maison de poupée!»

Quand je rentrai chez moi après le travail, le lendemain, Kari fut tout sourire. Elle me dit que son plan avait si bien marché que son amie ne s'était pas contentée de l'écouter, mais était même venue jouer avec sa maison de poupée.

De toute évidence, pour les adultes les situations sont plus compliquées, bien que le principe reste le même. Eveillez leur curiosité et vous obtiendrez leur attention!

Fabienne était préoccupée parce que Jacques était trop occupé pour passer du temps avec son fils Rémy. Jacques avait un emploi du temps si chargé qu'il passait très peu de temps avec son fils Rémy quand il était à la maison. Fabienne se rendait compte combien leur fils avait besoin de son père, mais Jacques était généralement trop occupé pour écouter ses doléances. Fabienne essaya le «principe du sel», et voilà le dialogue qui s'engagea entre Fabienne et Jacques:

«J'ai eu des nouvelles très décourageantes à l'école aujourd'hui au sujet de Rémy – *(sel).*
– Ah bon, de quoi s'agit-il?
– *(Un peu plus de sel)* Je me demande ce que nous allons faire... Cela m'inquiète vraiment.
– *Eh bien, de quoi s'agit-il?*
– A moins que tu ne nous aides, cela finira par devenir grave.
– Fabienne, de quoi parles-tu?
– L'institutrice de Rémy a téléphoné et m'a expliqué que Rémy a beaucoup de mal à lire. A moins d'*une aide spéciale,* cela pourrait l'handicaper pour le reste de ses études. (*L'expression «aide spéciale» commence à remettre du sel dans la conversation pour ce qu'elle veut dire ensuite).*
– Que veux-tu dire par «aide spéciale»?
– L'institutrice a expliqué que si toi ou moi ne faisons rien maintenant, la rééducation va probablement être lente et

nous coûter cher plus tard. Elle a dit que plus nous tergiversons, plus sa situation va empirer.
– Que pouvons-nous faire maintenant?
– Eh bien, il n'y a pas grand-chose que je puisse faire moi, mais elle a dit que toi, tu pouvais faire quelque chose *(sel)*.
– Ah bon? Et de quoi s'agit-il?
– Elle a dit que si tu t'y appliquais régulièrement, cela permettrait de résoudre le problème. Je lui ai dit que tu étais très occupé et que je ne savais pas si tu trouverais le temps nécessaire *(plus de sel)*.
– Eh bien je le prendrai! ... Qu'est-ce que je dois faire?
– Elle a dit que la source du problème est d'ordre moteur. Si tu pouvais jouer régulièrement au ballon avec lui, la coordination main/œil en serait améliorée, et cela pourrait l'aider à retrouver un bon niveau en lecture.»

Aujourd'hui, quatre ans plus tard, Jacques continue à jouer au basket-ball avec Rémy. Non seulement il adore passer ce temps avec lui, mais il a aussi la satisfaction de savoir qu'il a aidé Rémy à l'école, ce que nul autre n'aurait pu faire aussi bien que lui. Et tout cela grâce à Fabienne qui avait pris le temps de faire connaître sous une forme nouvelle un besoin très concret, en utilisant le principe du sel!

Savoir qu'il vous faut éveiller sa curiosité est une chose, mais le faire réellement, c'en est une autre, n'est-ce-pas? Vous vous demandez probablement: «Eh bien maintenant, comment vais-je appliquer ce principe à ma vie?»

Examinons plus attentivement ce principe pour voir de quoi il en retourne exactement.

Comment capter l'intérêt de votre mari – et le conserver

1. Identifiez clairement le besoin ou le sujet de préoccupation que vous voulez communiquer à votre mari.
Dans notre premier exemple, Laurence voulait que Marc soit plus amplement informé au sujet de ce qu'une femme attend

d'un homme et, plus précisément, elle voulait qu'il lise les deux livres qu'elle venait de lui acheter à ce propos. Dans le second exemple, Fabienne voulait que Jacques passe davantage de temps avec son fils Rémy.

2. Identifiez des domaines voisins qui intéressent votre mari.
C'est en cela que Laurence a échoué et que Fabienne a réussi. Laurence a simplement fait savoir à son mari l'objectif qu'elle s'était fixé (un mariage plus heureux), mais n'a pas réussi à établir un lien entre ce qui l'intéressait et ce qui intéressait son mari. Il ne comprenait pas qu'il avait besoin d'aide pour devenir un meilleur mari; ainsi, il ne voyait pas l'intérêt de s'améliorer dans ce domaine.

Par contre, Fabienne avait réussi à ce niveau-là. Elle savait que l'emploi du temps de son mari était de la plus haute importance pour lui et que passer du temps avec Rémy ne l'était pas. Cependant, elle savait aussi – à cause de leurs conversations antérieures – qu'il prenait très à cœur l'éducation de leur fils. Elle prit note de cet intérêt et se rappela les commentaires de l'institutrice de Rémy sur les problèmes que la lecture lui posait. Puisque la coordination main/œil était un aspect essentiel de ce problème, elle passa en revue tous les jeux auxquels Rémy et Jacques pourraient s'adonner pour améliorer cette coordination et contribuer à résoudre le problème. C'est alors qu'elle pensa au basket-ball. Elle vit que cela pouvait intéresser Jacques (l'éducation de Rémy) et répondre à son propre objectif (voir Jacques et Rémy passer plus de temps ensemble) tout en portant remède au problème de coordination de Rémy.

Laurence aurait pu ne pas échouer avec Marc. Marc m'avait dit que son «appétit sexuel» était beaucoup plus vif que celui de Laurence. Les choses étant ainsi, je suis sûr que Laurence savait que Marc aurait bien aimé susciter un plus grand désir sexuel en elle. C'est ce domaine qu'elle aurait pu exploiter pour motiver son mari à lire les deux livres. Dans les étapes suivantes, je montrerai comment elle aurait pu y arriver.

3. Tirez parti de ses pôles d'intérêts principaux, communiquez juste assez d'informations pour stimuler sa curiosité et lui donner envie d'en entendre davantage.

Puisque Laurence connaissait l'envie de Marc d'avoir des rapports sexuels avec elle, elle aurait pu aborder la conversation de la façon suivante: «Je n'en reviens pas! J'ai commencé à lire ces deux livres et j'ai été si émoustillée que j'ai dû interrompre ma lecture. J'avais vraiment envie que tu sois rentré à la maison pour que nous puissions faire l'amour!»

Connaissant Marc, je vous garantis qu'elle aurait éveillé toute son attention.

4. Ajoutez un petit peu plus de sel. Ne répondez pas à sa question après la première dose de sel. Faites plutôt une pause pour augmenter sa curiosité.

Après la première dose de sel, Marc aurait probablement eu l'une des réactions suivantes:

– «Sans blague! Qu'est-ce qu'on y raconte?
– Vraiment? Laisse-moi jeter un coup d'œil.
– Il n'est pas trop tard. Je suis là, maintenant!»

Maintenant, Laurence ajoute sa seconde pincée de sel, *sans laisser de répit à la curiosité naissante de Marc:* «Ils sont vraiment incroyables. Ils disent ce qu'un homme doit faire pour préparer sa femme mentalement et émotionnellement pour la relation sexuelle. Ces auteurs comprennent à merveille ce qui est nécessaire pour me mettre en condition!»

5. Posez une question brève pour l'engager plus avant dans la voie que vous voulez qu'il suive, ou pour lui enseigner ce que vous cherchez à lui communiquer.

Arrivée à ce stade, Laurence peut obtenir que Marc s'engage à lire le premier livre en lui posant l'une des questions suivantes: «As-tu jamais lu un livre comme celui-ci qui explique les cinq choses auxquelles les femmes ne résistent pas?» ou «As-tu déjà lu quelque part qu'il y a cinq choses que tu peux faire pour m'exciter sexuellement?»

Le but de Laurence n'était pas de transformer son mari en un manipulateur de ses désirs sexuels. Son but était de l'amener à lire deux livres qui l'encourageraient à prendre les initiatives qui approfondiraient leur relation affective. Elle savait que ces «cinq choses» inciteraient son mari à la traiter avec une tendresse et un respect plus grands, ce qui, dans un second temps, l'aiderait elle-même à mieux répondre à ses avances.

6. *Après avoir franchi ces cinq étapes, ajoutez encore du sel, s'il n'exprime pas encore un intérêt suffisant ou s'il n'a pris aucun engagement.*
Laurence aurait pu ajouter une nouvelle pincée de sel en s'exprimant ainsi: «Je suis heureuse que tu ne connaisses aucun de ces principes; mon énergie sexuelle serait sans doute devenue si forte que nous n'arriverions plus à faire aucun travail à la maison».

Comme je l'ai dit au début de ce chapitre, le principe du sel est irrésistible s'il est appliqué correctement. Chaque aspect de l'amour et de la communication peut être utilisé positivement ou négativement: il n'en est pas autrement avec ce principe. Pour l'utiliser efficacement, il y a plusieurs écueils que vous devez éviter à tout prix.

«Ce qu'il ne faut surtout pas faire»

1. Ne lancez pas la conversation par des accusations ou en réclamant son attention ou son temps.
Quand vous voulez appliquer ce principe du sel, n'engagez jamais la conversation comme suit:
– «Puis-je te voir un instant!
– Il faut vraiment que je te parle!
– Pouvons-nous discuter d'un problème vraiment important dans quelques instants?
– Cela fait longtemps que je désire te parler. Pouvons-nous, s'il-te-plaît, en discuter ce soir?»

Une telle introduction provoque généralement une réaction négative parce que le mari ne peut pas imaginer mettre du temps de côté «juste pour parler». Il y a des chances pour que vous soyez froissée par son manque d'intérêt. Vous trouvez ci-dessous un dialogue typique:

Alice: «J'aimerais qu'on discute d'un certain nombre de choses ce soir après le dîner. D'accord, chéri?

Frédéric: «Ce soir, à la télé, il y a un match que je comptais voir. De plus, je dois rattraper du travail en retard.

– Eh bien alors, quand tu auras fini! C'est vraiment important.

– Ecoute, j'aurais vraiment aimé parler, mais j'ai eu une rude journée et je suis réellement fatigué. Peut-être demain.

– Tu trouves toujours une excuse! ... Tu n'as jamais de temps pour moi...»

Et voilà que la hache de guerre est déterrée! Au lieu d'utiliser une phrase d'introduction, commencez par une idée qui éveille la curiosité.

2. N'entamez pas votre conversation sur ce qui vous préoccupe ou par la solution que vous préconisez.

Par exemple, si Fabienne avait engagé la conversation comme ci-dessous, elle aurait obtenu une réaction différente de la part de Jacques.

– Chéri, Rémy a besoin que tu lui consacres plus de temps, et le fait de jouer au ballon avec lui l'aiderait à surmonter ses problèmes de lecture. Pourrais-tu jouer quelques minutes avec lui?

– J'aurais bien aimé jouer avec mon fils, mais je n'ai pas le temps. Tu connais mon emploi du temps.

3. N'essayez pas de le persuader par vos affirmations initiales.

Une femme pense souvent que la seule façon dont elle puisse obtenir de son mari qu'il fasse quelque chose, c'est de l'aiguillonner par une affirmation péremptoire ou une menace. Cela peut être efficace à court terme, mais pas à long terme.

Fabienne: «Chéri, tu dois passer plus de temps avec Rémy, sinon nous aurons de gros problèmes.»

Jacques: «Ne me dis pas ce que j'ai à faire. Je suis trop occupé pour jouer avec lui et faire mon travail en même temps. Pourquoi ne prends-tu pas ma place au travail et moi je m'occuperai de la maison! Ainsi, je pourrai jouer avec lui tout à loisir.»

Ne renoncez pas: le principe du sel est efficace, même quand l'interlocuteur sait que vous l'appliquez.

Si vous ne réussissez pas tout de suite, n'abandonnez pas. Vous aurez sans doute plusieurs tentatives à faire avant de savoir appliquer ce principe... mais avec du temps et de la pratique, vous y arriverez! C'est peut-être surprenant, mais cela marche même si votre interlocuteur connaît le principe que vous appliquez.

Faites l'exercice suivant pour vous aider à adapter ce principe à l'un de vos besoins ou de vos soucis immédiats. D'autre part, le principe du «sel» prendra corps dans votre esprit si vous prenez le temps de faire ce qui suit.

1. Faites la liste des besoins et des préoccupations que vous aimeriez que votre mari comprenne mieux.

(Par exemple: un besoin matériel, votre sentiment à propos d'une personne, une activité que vous aimeriez pratiquer avec lui ou une «blessure» que vous voulez l'amener à comprendre.)

1. _____
2. _____
3. _____
4. _____

Exemple:
1. Mes sentiments à l'égard de sa mère.
2. Ma peur de déménager une fois de plus.
3. Mon besoin de compréhension et non de sermons.
4. Mon besoin de plus de camaraderie avec lui.

2. *Faites la liste de cinq domaines qui jouent un rôle capital pour votre mari.*
(Par exemple: loisirs, projets de travail, carrière et autres pôles d'intérêts qui s'y rapportent, préoccupations spirituelles, amis, sport, programmes de télévision.)

1. _____
2. _____
3. _____
4. _____
5. _____

Exemple:
1. Succès dans le travail
2. Satisfaction sexuelle
3. Souci du bien-être total des enfants
4. Le fait d'être accepté par ses collègues de bureau
5. Sa relation avec Dieu

3. *Rédigez au moins deux phrases ou questions qui éveilleraient sa curiosité au sujet de l'une de vos préoccupations ou de l'un de vos besoins.*
Essayez de les mettre en relation avec l'un de ses cinq pôles d'intérêts primordiaux.

1. _____
2. _____

Exemple:
1. Sais-tu ce que les psychologues considèrent être le facteur déterminant de la stabilité affective d'un enfant?
2. Si toi et moi décidions de faire ensemble des progrès dans ce domaine, nos enfants jouiraient non seulement d'une stabilité affective, mais j'aurais sans doute un plus grand désir sexuel, simplement en passant du temps avec toi.

Elle parle de son besoin de camaraderie et elle le lie à deux domaines importants de sa vie – son souci du bien-être de leurs enfants et son aspiration à un plus grand épanouissement sexuel. Dans cet exemple, la femme avait lu que les enfants deviennent plus équilibrés quand ils voient de l'affection réelle et de la chaleur entre leurs parents. Elle a combiné ces deux points et en a fait deux phrases pleines de «sel».

Plus vous appliquez ce principe, mieux vous saurez le manier. Vous verrez qu'il ne produit pas uniquement l'effort escompté avec votre mari, mais avec n'importe quelle personne dont vous voulez obtenir une attention pleine et entière.

Réflexion personnelle

Quel exemple Jésus nous donne-t-il du principe du sel? Il ne perdait jamais son temps à annoncer des vérités importantes aux personnes qui ne s'y intéressaient pas. Il nous a même recommandé de ne pas prêcher la vérité à ceux qu'elle laisse totalement indifférents (Matt. 7:6). Jésus utilisait des paraboles et des questions pour éveiller la curiosité.

6

Donnez à votre mari l'envie de changer

«... afin que même si quelques-uns (des maris) n'obéissent pas à la parole, ils soient gagnés sans parole, par la conduite de leur femme.» (1 Pierre 3:1)

Combien de fois n'avez-vous pas essayé de dire à votre mari que vous avez besoin d'être aimée, dans la routine quotidienne, s'il veut que vous entriez de tout votre cœur dans l'intimité sexuelle avec lui! Vous avez besoin de douceur, d'affection, d'attention et d'une relation amoureuse, afin de pouvoir vous donner à lui sans réserve. De même, avant de pouvoir répondre à vos besoins et être réceptif à vos sentiments, il faut qu'il en prenne conscience et qu'il voie certaines qualités dans votre vie.

Etant donné qu'un homme peut se marier sans les connaissances et aptitudes nécessaires pour répondre aux aspirations d'une femme, il est indispensable que celle-ci lui montre ce qu'elle attend de lui. Il sera beaucoup plus disposé à les prendre en compte et à y répondre s'il y a en vous six qualités indispensables.

Ces six qualités existent certainement déjà en vous – à un degré ou à un autre – et, si vous les entretenez, elles exerceront une influence grandissante sur votre personnalité. A mesure que cette croissance se produit, votre mari aura beaucoup plus envie d'apprendre à vous aimer de la façon dont vous désirez être aimée.

Les qualités essentielles qui incitent un mari à écouter

A l'école, vous trouviez certainement quelques cours plus passionnants que d'autres, simplement parce que vous aimiez les professeurs. Il était plus facile et plus agréable d'apprendre quand le professeur avait certaines qualités. Lorsqu'une personne possède des qualités de courage, de persévérance, de gratitude, de calme, de gentillesse, d'amour non égoïste, il est plus facile d'accepter ses paroles, de suivre ses conseils et son exemple. Cela est aussi vrai dans votre mariage. Vous devez développer ces qualités en vous pour que votre mari vous prenne comme professeur.

Le courage

Le courage est l'engagement intérieur de poursuivre un but valable sans jamais perdre espoir.

Beaucoup de femmes ont renoncé à voir leur relation conjugale s'améliorer un jour. Quand l'espoir d'un meilleur mariage s'est évanoui chez une femme, son attirance pour son mari diminue et la relation perd peu à peu de sa vie.

Quel que soit votre degré de découragement, il n'est jamais trop tard pour rallumer la flamme et faire jaillir une nouvelle étincelle de vie dans votre relation avec votre mari.

Laetitia et Guillaume étaient mariés depuis trois ans. Laetitia était enceinte de leur premier enfant quand elle découvrit que Guillaume fréquentait une autre femme. Son amour pour son mari s'était déjà attiédi quand elle entendit parler de cette autre femme. Et lorsque la liaison fut finalement mise au grand jour, ses sentiments disparurent complètement. Leur relation passa de l'amour à la haine, puis à l'indifférence.

Un jour, pendant le déjeuner, elle rompit le silence habituel et demanda à Guillaume à quoi il pensait. En deux mots, il fit s'évanouir la lueur d'espoir qui restait à son épouse. «A elle», répondit-il. Après qu'il fut retourné au travail, elle avoua à Dieu qu'elle n'avait plus d'espoir. Mais elle ne s'arrêta pas là. Elle continua à prier lui promettant que s'Il ranimait son espérance ou lui donnait un nouvel amour pour Guillaume, elle ferait des efforts.

A sa grande surprise, elle se rendit compte qu'elle était capable de petites attentions pour Guillaume, bien qu'elle n'éprouvât aucune affection pour lui. En trois semaines, Guillaume constata un tel changement en Laetitia qu'il se sentit plus attiré vers elle que vers l'autre femme. Il se sentit même honteux de la façon dont il l'avait traitée. Il rompit avec l'autre femme et retourna auprès de Laetitia avec un engagement plus sincère que jamais auparavant pour bâtir une relation plus épanouissante entre eux et avec Christ. Laetitia reprit courage quand elle demanda à Dieu de renouveler son espoir et son amour pour Guillaume.

Laetitia et Guillaume me disent que leur relation est maintenant tellement profonde qu'ils ne peuvent même pas imaginer à quel point elle était vide auparavant.

Le *premier pas* pour augmenter votre courage est de vous engager à construire une relation plus satisfaisante avec votre mari et à bâtir un meilleur mariage. L'un des handicaps à un mariage heureux est de conserver des idées irréalistes de ce qu'est une bonne relation conjugale. Celles-ci commencent dans l'enfance et ont leur apogée lors de la cérémonie du mariage. C'est pourquoi les psychologues disent que lorsque vous et votre mari dites «oui», *six* personnes s'unissent en fait dans le mariage.

Du côté de la mariée:
1. La personne que vous pensez être.
2. La personne qu'il pense que vous êtes.
3. La personne que vous êtes en réalité.

Du côté du mari:
1. La personne qu'il pense être.
2. La personne que vous pensez qu'il est.
3. La personne qu'il est en réalité.

La croissance et le bonheur dans le mariage exigent que ces six différentes attentes soient combinées en une relation unifiée et réaliste. Oui, c'est possible, cela peut être réalisé! C'est ainsi qu'on apprend à aimer, et c'est exactement ce que vous apprenez en lisant ce livre. Les couples qui sont mariés depuis des années ont autant de progrès à faire dans leur relation que les jeunes mariés.

Une jeune épouse me dit récemment qu'elle pensait avoir trouvé et épousé l'un des hommes les plus sensibles du monde. En l'espace d'un an, elle se rendit compte qu'il n'était pas aussi sensible ou «spontanément romantique» qu'elle l'avait imaginé. Avant le mariage, il lui semblait que la déférence qu'il lui témoignait émanait naturellement de son être intérieur. Par la suite, elle avait été déçue et même irritée que de tels comportements ne fassent pas partie intégrante de sa façon d'être. En fait, il était même obligé de réfléchir pour trouver les gestes de gentillesse et de tendresse qu'il pouvait faire pour elle. Quand elle lui faisait part de son mécontentement, il lui lançait un regard ennuyé et demandait: «Que veux-tu que je fasse?» Comme la plupart des femmes, elle en devenait encore plus irritée parce qu'elle pensait: «Si je dois en plus lui dire ce qu'il doit faire, cela enlève toute spontanéité à son geste».

J'ai entendu la même histoire des centaines de fois. C'est pourquoi il convient d'avoir une conception claire de ce qu'est un mariage heureux. Plutôt que de vous dire ce que je considère être une relation conjugale réussie, permettez-moi de procéder quelque peu différemment. Parmi les facteurs énoncés ci-dessous, quels sont ceux qui feraient de votre mariage ce que vous voulez qu'il soit? Cochez autant de cases que vous désirez.

Mon mariage serait bien meilleur si mon mari...

❏ me montrait qu'il me respecte et que j'ai plus d'importance pour lui que son travail, sa famille, ses amis et ses loisirs.

❏ essayait de comprendre mes sentiments et mes besoins et apprenait à les satisfaire avec amour.

❏ voulait et me demandait vraiment que je lui pardonne quand il m'a blessée ou a offensé les enfants.

❏ ressentait une reconnaissance sincère pour ce que je suis et ce que je fais (et l'exprimait).

- ❏ reconnaissait ma sensibilité comme une force et acceptait de devenir plus sensible, comme je l'y encourage.

- ❏ comprenait mes limites physiques dues à ma nature féminine et prenait part avec enthousiasme aux tâches ménagères et à l'éducation des enfants.

- ❏ me permettait de m'appuyer sur lui émotionnellement pour me réconforter quand je me sens découragée ou désespérée, sans critique ou sermons.

- ❏ me respectait assez pour tenir compte de mes opinions et de mes conseils quand il prend des décisions concernant la famille.

- ❏ voulait être mon meilleur ami et acceptait que je sois sa meilleure amie.

- ❏ n'essayait pas de m'imposer des valeurs et des idées qu'il ne s'applique pas à lui-même.

Chacune de ces descriptions est un but à votre portée. Dans le chapitre suivant, nous en parlerons en détail. Nous vous donnerons des étapes précises pour que ces buts deviennent une réalité dans votre couple. La première étape, qui doit vous permettre d'accroître votre courage, consiste à décider de rechercher activement à améliorer votre mariage. La seconde consiste à vous engager à supporter la tension venant de votre mari – en gardant à l'esprit qu'à ce stade il désire sans doute beaucoup moins enrichir votre relation conjugale que vous.

Peu après leur mariage, Denise fut choquée et découragée par la différence existant entre le comportement de Jérémie en tant que mari et celui qu'il avait eu en tant que fiancé. Mais, après s'être jointe à un groupe de couples que je rencontrais, elle s'engagea à se battre pour une meilleure relation. Pendant les premiers mois, elle se heurta à des tensions accrues et à de l'opposition de la part de Jérémie. Un jour, malade, elle essaya de lui faire comprendre son sentiment de faiblesse, lui disant combien elle avait besoin de son réconfort et de son aide dans la maison. Sa réponse pour éluder le sujet fut: «Oh, allons, remets-toi, tu peux y arriver». Il continua en suggérant que sa mère ne se comportait jamais de cette façon quand *elle* était malade.

Jérémie ne fut pas transformé du jour au lendemain. A une autre occasion, Denise (qui était professeur) lui demanda de venir à son école pour voir comment elle avait décoré la classe avec les élèves. Cela lui avait demandé beaucoup de travail et de créativité et elle était fière du résultat. Une fois de plus, le «prince charmant» s'insurgea en disant d'un ton sarcastique: «Je ne te demande pas de venir admirer mon bureau. Pourquoi viendrais-je voir ta salle de classe? De plus, quand on a vu une salle de classe, on les a toutes vues.»

Mais l'histoire ne s'arrêta pas aux sarcasmes de Jérémie. Parce que Denise s'était engagée à supporter les tensions et les sarcasmes qui étaient en fait une réaction à ses efforts, Jérémie changea. Il s'engagea lui aussi à faire sa part, devint plus sensible et prit en charge certaines responsabilités ménagères. Cela seul les a aidés à se rapprocher. Il commence à respecter Denise, les qualités qui lui sont propres, et sa sensibilité particulière.

Quand vous prenez une part plus active dans cette recherche d'une meilleure relation, il est possible que vous rencontriez, selon le cas, des tensions ou des oppositions. Il est important que vous consentiez à supporter toute pression qui peut survenir. Si vous attendez que votre mari commence à établir une meilleure relation, vous risquez d'attendre très longtemps.

La persévérance

La persévérance signifie poursuivre un but jusqu'à ce qu'on l'ait atteint.

Pendant des années, Christian soigna les blessures de Caroline en lui faisant des sermons ou lui donnant une explication rationnelle sur ce qui lui arrivait et sur la façon d'éviter d'être blessée. Cela allait du bref: «Tu es trop sensible» jusqu'à une analyse complexe de sa situation. Caroline présumait toujours que c'était sa façon à lui de lui montrer sa supériorité en lui faisant sentir qu'elle était en tort. Si quelqu'un ne lui parlait pas pendant une soirée et qu'elle en déduisait que ses amis ne l'aimaient plus, Christian lui disait simplement: «Mais non, ils étaient simplement trop occupés... Tu prends cela trop au sérieux». Si elle avait un conflit avec sa belle-mère, celle-ci avait la compréhension de Christian, tandis que Caroline avait des commentaires comme: «Tu tournes toujours tout au drame» ou «Je n'arrive pas à comprendre que tu puisses blesser maman de cette façon».

Une fois que Caroline eut compris que les hommes ont besoin d'apprendre comment réagir aux sentiments des femmes, elle commença à dire à Christian chaque fois qu'elle avait besoin d'être réconfortée: «Ne me fais pas de discours... prends-moi dans tes bras et essaie de comprendre». Cela n'améliora rien les six ou sept premières fois qu'elle essaya. Elle continua à supporter ses sermons (même s'ils s'écourtèrent). En fin de compte Christian (génial comme il était) réalisa que Caroline lui demandait, non pas des sermons, mais de la réconforter par une gentillesse silencieuse. Il essaya une fois et constata une attitude complètement différente chez Caroline. Elle se remettait de ses blessures beaucoup plus rapidement que lorsqu'il essayait de l'en débarrasser par des explications.

Christian me dit que même si cela avait été dur de ne pas faire de sermons les premières fois, son attitude calme était tellement plus efficace qu'elle était maintenant «naturelle». Si Caroline avait essayé de l'aider à changer en partageant ses sentiments une seule fois, rien ne se serait passé. Mais elle persista, et maintenant tous deux ont la joie de récolter les fruits de sa persévérance.

Il y a plusieurs années, j'ai rencontré un homme qui avait été très brillant dans son travail avec des adolescents. Il avait influencé des milliers de jeunes de façon positive. Quand je lui demandai le secret de sa réussite, je fus surpris de sa réponse. Il dit: «C'est simple. Sur deux cents idées que j'essaie, il y en a une qui marche!». Une des adolescentes de son groupe, Julie, suivit son exemple après son mariage.

Dès la première semaine de leur mariage, Julie remarqua que David préférait sa propre famille à la sienne. Quand ils déménagèrent pour que David puisse suivre des cours à l'université, elle pensait qu'elle serait libre de faire passer la famille de David en second. Malheureusement 1500 km n'étaient pas suffisants. Les appels téléphoniques, les lettres ou les visites continuaient à mettre de l'huile sur le feu. Quand Julie trouvait une faute chez un membre de la famille de David, celui-ci se levait toujours en défenseur des siens. Chaque fois, elle essayait de dire à David à quel point cela l'inquiétait qu'il préfère sa propre famille à la sienne, mais David se défendait toujours.

Quelques années après la fin des études, David eut finalement l'occasion de se rapprocher de sa ville natale. Il pensait que Julie serait ravie parce que cela la rapprochait également de sa famille à elle. Il ne pouvait pas comprendre pourquoi elle pleurait quand il lui parla de cette proposition. Une fois de plus, elle expliqua qu'elle avait peur de vivre près de sa famille à lui, parce qu'il la préférait. Comme d'habitude, il se défendit et ne comprit pas son point de vue.

Pendant les vacances, il allèrent visiter sa famille. Sur le chemin du retour, il lui demanda: «Dis-moi encore pourquoi tu ne veux pas déménager ici?» Elle l'expliqua une fois de plus, et cette fois il comprit. Depuis lors il a eu de nombreuses occasions de prouver sa préférence pour Julie et elle se sent si sécurisée qu'elle est impatiente de retourner vivre dans sa ville natale. Ainsi la douce persévérance de la femme a apporté un bénéfice durable pour elle et son mari.

La gratitude

La gratitude est une reconnaissance sincère des bienfaits que vous avez obtenu des autres.

Une enquête faite récemment parmi plusieurs milliers de travailleurs demandait comment leurs employeurs pouvaient les motiver à travailler plus. Les employeurs furent étonnés de voir que la motivation numéro un n'avait rien à voir avec les revenus ou les bénéfices. La majorité des travailleurs affirmaient *que la chose* qui les motivait à travailler davantage était la reconnaissance des employeurs pour leur effort personnel.

Si la gratitude motive une personne à faire davantage d'efforts dans le cadre du travail, pourquoi ne serait-elle pas un moteur pour aider votre mari à travailler davantage à la maison? La gratitude exprimée par des compliments est ce qui motive le plus un homme. Si vous voulez que votre relation avec votre conjoint soit plus satisfaisante, il est indispensable que vous ayez une attitude reconnaissante.

La louange venant d'un cœur reconnaissant est essentielle dans notre marche avec Dieu. Nous entrons dans sa présence par la louange (Ps. 100:4); et notre foi en lui se démontre à travers notre volonté à le remercier en toutes circonstances (1 Thess. 5:18; Rom. 8:28). Nous n'avons pas appris à marcher avec Christ jusqu'à ce que nous ayons appris à dire: «Merci, Seigneur, pour cela. Je ne le comprends pas, mais j'ai confiance que tu peux travailler pour mon bien.»

Catherine et Jean étaient mariés depuis dix-huit ans. Quand Catherine vint à mon bureau, elle était désespérée, car Jean était devenu alcoolique. Malgré les problèmes dus à l'alcoolisme, elle voulait se battre pour une meilleure relation. Je lui dis que la reconnaissance exprimée par la louange pouvait être une motivation puissante pour aider Jean à vaincre son problème. Nous parlâmes également des autres qualités mentionnées dans ce chapitre, et de la manière dont elle pouvait les développer dans sa vie. En quittant mon bureau, elle était enthousiaste à l'idée de commencer immédiatement.

Plusieurs semaines plus tard, on frappa à la porte de mon bureau et, quand j'ouvris, j'eus le souffle coupé. A ma surprise, Jean était venu pour parler avec moi. Il me dit que depuis que sa femme était venue me voir, il y avait eu tellement de changements dans sa vie qu'elle était comme une nouvelle personne. Il continua en disant: «Elle est si pleine d'amour et de louange que je ne peux plus continuer à la blesser. Pourriez-vous m'aider?»

L'histoire de ce couple illustre schématiquement le pouvoir de ces qualités intérieures et, plus particulièrement, le pouvoir de la gratitude pour motiver un homme à vouloir une meilleure relation. Peut-être vous demandez-vous quelles qualités Catherine a pu trouver dignes de louange chez son mari alcoolique. Elle a mis toutes ses forces pour les détecter.

Utilisez vos points forts pour détecter des qualités dignes de louange chez votre mari

Il devrait être évident pour vous maintenant qu'une des plus grandes forces d'une femme est sa sensibilité. La sensibilité peut devenir votre meilleure alliée dans votre effort pour détecter les qualités dignes d'admiration chez votre mari. Quand je dis pour la première fois à Catherine qu'elle devait exprimer sa gratitude à Jean, elle me lança un regard bouleversé et dit: «En quoi puis-je être reconnaissante? Savez-vous ce que c'est que de vivre avec un alcoolique?» Je lui expliquai que beaucoup de qualités peuvent s'exprimer de façon négative. Nous parlâmes de certains traits négatifs de son mari afin de détecter quelques qualités qu'elle pouvait louer.

Le problème le plus évident auquel elle pouvait penser était l'apitoiement sur soi-même. Cela peut être la façon négative d'exprimer la compassion, aussi demandai-je à Catherine si elle avait jamais senti que Jean était préoccupé par le bien-être des autres. Elle dit qu'elle avait toujours noté combien il était prompt à montrer de la compassion pour ceux qui étaient dans le malheur.

Je lui demandai s'il était rusé pour cacher une bouteille ou pour sortir boire. Une fois de plus elle sourit. La ruse est souvent une expression négative de la créativité. (Un de hommes les plus créatifs dont j'aie jamais entendu parler fut un voleur pendant plus de vingt ans.) Quand je lui expliquai que la ruse et la créativité sont souvent des expressions différentes de la même caractéristique, elle me dit que l'emploi de Jean demandait beaucoup de créativité. En quelques minutes, nous avions trouvé deux qualités qui pouvaient être un sujet de louange. Pour que sa louange soit sincère, elle avait besoin d'utiliser sa sensibilité pour détecter les temps convenables et les occasions pour exprimer cette louange. (N.B.: La liste qui suit peut vous aider à discerner dans les traits négatifs de votre mari des qualités dignes d'admiration.)

Comportement négatif	Aspects positifs
Lent	Prudent, attentif aux détails
Sans soin	Facile à vivre, indulgent
Tâtillon	Soigneux, aime bien faire les choses
Ne sait pas dire non	Pacifique, gentil avec les gens, plein de compassion, serviable
Parle trop	Profond, expressif
Trop strict	Discipliné, maître de lui-même, minutieux
Arrogant	Déterminé, persuasif

Développez une attitude de reconnaissance

Le premier pas pour développer la reconnaissance est de prendre conscience du fait que les bienfaits dans votre vie ont deux sources principales: les autres et Dieu. Un homme réagit à cette idée en disant que ce n'était pas vrai. Il avait commencé à partir de rien dans le monde des affaires et était devenu extrêmement riche. Il me dit: «Personne ne m'a jamais rien donné». On lui demanda jusqu'où il aurait pu aller s'il n'avait pas appris à lire ou à écrire. Sa réponse fut: «Pas loin». Puis, tout penaud, il reconnut que quelqu'un lui avait offert un atout inestimable qu'il avait utilisé presque toute sa vie. Avant peu, il pouvait penser à des dizaines de personnes desquelles il avait reçu des bienfaits innombrables.

A bien y réfléchir, il y a très peu dans notre vie que nous puissions mettre à notre seul crédit. Avant d'aller plus loin, prenez le temps de faire l'exercice suivant.

Comment développer la gratitude
Exercice 1

Dans la colonne A, faites la liste des dix choses les plus précieuses dans votre vie. (Par exemple: vos enfants, vos études, vos talents, vos biens matériels, vos capacités.) Dans la colonne B nommez au moins une personne qui vous a permis de bénéficier de l'avantage noté dans la colonne A.

Colonne A	Colonne B
Ex. Mes enfants	Ex. Mon mari
	Le Dr. Dupont
	L'infirmière
1_____	1_____
2_____	2_____
3_____	3_____
4_____	4_____
5_____	5_____
6_____	6_____
7_____	7_____
8_____	8_____

9 _____   9 _____

10 _____   10 _____

La *seconde étape* pour acquérir une attitude de reconnaissance est d'apprendre à minimiser vos attentes à l'égard de votre époux. Vos attentes peuvent être une des forces les plus destructives de votre mariage. Elles peuvent engendrer chez vous et votre mari un désappointement et un découragement inutiles. Imaginez que vous n'ayez aucune économie, et que vous deviez remplacer votre vieille voiture. La banque et les compagnies de crédit refusent de vous aider, mais une amie veut bien vous faire un prêt. Vous promettez de la rembourser dans six mois. Six mois plus tard, quand vous avez économisé suffisamment pour rembourser votre amie, une autre facture arrive. Vous êtes obligée de dépenser vos économies et n'avez plus rien pour rembourser votre dette. Dix jours plus tard, votre amie vous appelle et dit: «Où est l'argent?» Vous lui expliquez ce qui est arrivé et elle répond: «Tu m'as promis de me payer au bout de six mois, donc débrouille-toi pour me rendre mon argent».

Le jour suivant, votre amie vous rappelle, disant qu'elle a absolument besoin de cet argent. Quand vous lui dites que vous ne l'avez toujours pas, elle pleure et dit qu'elle rappellera tous les jours jusqu'à ce que vous le lui ayez envoyé.

Telle est la situation dans laquelle vos attentes mettent votre mari. Vous placez en permanence au-dessus de sa tête une dette qu'il ne peut pas payer parce qu'il n'en a pas les moyens.

Pendant huit ans, Bernard avait vécu sous le poids des attentes de Suzanne. A chaque fois qu'il lui rapportait quelque chose, ce n'était pas suffisant ou il était trop tard. Quand enfin il répondit à son attente, elle exprimait par son attitude: «Il était temps». Il sentait que quoi qu'il dise ou qu'il fasse, il ne pouvait jamais lui faire plaisir. Alors, Suzanne cessa d'exprimer ses attentes et apprit à être reconnaissante pour *chaque* tentative que Bernard faisait pour lui faire plaisir. Au début,

Bernard ne réalisa pas ce qui lui arrivait, mais après deux mois, il s'aperçut qu'il n'arrivait pas à se souvenir quand pour la dernière fois Suzanne lui avait demandé quelque chose. Il fut si encouragé par son changement d'attitude qu'il acheta tout un lot de meubles pour la maison, la comblant au-delà de ses rêves les plus fous.

Bernard ne fut pas le seul à trouver une nouvelle joie, comme résultat des attentes moins grandes de Suzanne. Suzanne découvrit que des attentes moins nombreuses augmentaient son bonheur parce qu'elle laissait à son mari la liberté de lui faire des surprises.

Le meilleur moyen que je connaisse pour diminuer vos attentes est de changer votre point de mire de votre mari vers Dieu. Le psaume 62:1-2 nous donne la liberté d'attendre la vie de Dieu seul; et Philippiens 4:19 nous assure que notre Dieu pourvoira à tous nos *besoins* selon la richesse de sa gloire en Jésus-Christ. (Ces deux versets ont permis à Norma de ne plus se focaliser sur moi mais sur Dieu pour répondre à ses besoins.) En nous reposant sur lui, nous devenons libres d'aider ceux qui sont autour de nous parce que nous n'attendons rien de source humaine, mais uniquement du Seigneur.

En diminuant vos attentes, vous pouvez libérer votre mari d'un fardeau que vous le forcez à porter et vous pouvez vous épargner une déception inutile. Diminuer vos attentes ne veut pas dire que vous n'ayez plus de besoins ou de manques. C'est humainement impossible. Il s'agit simplement d'éliminer votre limite dans le temps et vos idées préconçues au sujet du moment et de la manière dont ces attentes seront comblées. L'exercice suivant peut vous aider à contrôler vos attentes.

Comment développer la reconnaissance
Exercice 2

Faites la liste de vos attentes dans chacune des catégories ci-dessous.

Vos besoins matériels   *Ses attitudes*

Ex. Un nouveau canapé   Ex. Il manque de patience avec les enfants

_____   _____

_____   _____

_____   _____

_____   _____

Vos besoins émotionnels   *Ses habitudes*

Ex. Compliments pour un bon repas   Ex. Il laisse traîner ses affaires sales

_____   _____

_____   _____

_____   _____

_____   _____

Les attentes de la liste ci-dessus sont comme des bombes qui risquent de détruire votre relation. La seule façon de les désamorcer est d'arrêter la minuterie.

Le calme

Le calme est une paix intérieure qui vous permet de répondre tranquillement et sans peur à une situation de stress.

Revenons à l'analogie du papillon et du bison. Le papillon est délicat et sensible même à la brise la plus légère. Le bison, en revanche, n'est même pas troublé par un vent fort. Bien que votre sensibilité soit une de vos plus grandes forces (parce que cela vous permet de «sentir» les choses beaucoup plus intensément), elle peut aussi être une source de découragement et de désespoir si vous ne la contrebalancez pas par le calme.

Je ne veux pas sous-entendre que vous devriez faire quelque chose pour réduire votre sensibilité. En fait, si votre mari a réussi à vous rendre plus dure, il est important que vous recouvriez la sensibilité perdue. Plus vous êtes sensible, plus vous pouvez apporter de beauté, de douceur, de tendresse et de compréhension à votre famille et à votre environnement. Cependant, parce que vous êtes sensible à ce qui se passe autour de vous, vous pouvez en même temps réagir facilement aux moindres changements. Quand nous réagissons avec exagération à une situation, nous causons parfois de plus grands problèmes que ceux auxquels nous réagissons.

Avec une voiture remplie d'enfants excités, Joëlle conduisait sur une route glissante pour les emmener à leur réunion. Un chat traversa devant la voiture. Joëlle réagit trop violemment et fit un écart brusque pour l'éviter. La voiture fit des embardées et alla atterrir dans le fossé. Plusieurs enfants furent blessés, mais elle avait évité le chat. Un petit coup de volant lui aurait permis de l'éviter tout en gardant le contrôle du véhicule, mais elle avait réagi trop violemment à la situation.

La même chose peut se passer sur votre route «émotionnelle». Votre sensibilité vous permet de «voir» beaucoup de problèmes potentiels qui échappent à votre mari. Vous pouvez ressentir les blessures de votre fille quand votre mari utilise des mots durs pour la corriger alors qu'il ne se rendra pas compte du fait qu'il l'a blessée. Utilisée d'une bonne façon, votre sensibilité peut vous permettre d'être attentive aux réactions de votre fille et de lui prodiguer le réconfort nécessaire, au bon moment et d'une façon adéquate. Finalement, elle vous permettra même d'enseigner à votre mari comment détecter de telles blessures et, par votre exemple, de lui montrer comment amener la guérison.

La mauvaise façon d'utiliser votre sensibilité dans cette situation serait de réagir immédiatement en critiquant votre mari devant votre fille ou en défendant l'acte qui a provoqué la correction. Le premier pas pour apprendre à avoir une attitude calme est de contrôler votre tendance à réagir trop fort.

Après treize ans de mariage, François et Evelyne allaient enfin faire le voyage de leur rêve dans une île du Pacifique. Ils étaient particulièrement ravis parce qu'une partie de leurs dépenses allait être payée. Trois semaines avant le voyage, François apprit que les dépenses seraient beaucoup plus importantes qu'il ne l'avait envisagé. Les repas allaient être particulièrement coûteux, mais il ne s'en inquiétait pas spécialement parce qu'il se disait que «de toute façon nous ne mangeons pas beaucoup».

Quand François appela Evelyne et en fit mention, elle ne prit pas les choses aussi calmement. Elle savait, vu leurs expériences passées, que quand arrivaient les vacances, la bourse de François était plate. Elle imagina immédiatement tous les autres couples allant dans des restaurants à la mode et les «luaus» polynésiens tandis que François et elle s'installeraient dans leur chambre pour festoyer avec des sandwichs et un verre de vin. *Sans donner d'explication sur sa façon de penser,* elle dit à François: «Je ne pense pas que j'aie vraiment envie d'y aller».

Dans le passé, François aurait répondu: «D'accord, si c'est ce que tu penses, eh bien, nous annulerons le voyage». Il s'en serait suivi une dispute, et la réaction exagérée d'Evelyne aurait effectivement poussé son mari à annuler ce voyage tant attendu. Mais cela ne se passa pas ainsi. François avait appris à être plus sensible aux réactions de sa femme et il lui demanda pourquoi elle réagissait de cette manière. Voyant son attitude, elle lui exposa ses craintes et François la rassura en proposant de lui remettre les cordons de la bourse durant le voyage et de la laisser choisir les restaurants.

Si vous réagissez de manière démesurée, non seulement vous n'encouragez pas votre mari à exaucer vos désirs, mais une telle attitude engendre aussi des problèmes que vous pourriez éviter.

Le second pas dans votre tentative de réduire ou de contrôler votre sensibilité est de comprendre que les principes relationnels décrits dans ce livre peuvent provoquer un changement. Ils ont été appliqués avec succès dans beaucoup de couples, même dans des cas où la situation paraissait désespérée. Peut-être vous dites-vous qu'il n'y a pas de situation pire que la vôtre? Si c'est le cas, attendez d'avoir examiné le cas de Gina et Michel avant de vous prononcer!

Leur relation conjugale pourrait être résumée par la question «Qui hait le plus l'autre?» S'ils continuaient à vivre ensemble, ce n'était que pour une question financière. Ils n'aimaient pas vraiment leurs deux enfants et les considéraient comme une gêne. Chaque soir, Michel s'arrêtait à un bar, fréquentait une autre femme et rentrait tard, complètement ivre. Et chaque soir les deux avaient de violentes disputes. Gina n'espérait qu'une chose: avoir un jour assez d'argent pour quitter son mari et les enfants.

Un jour, une amie dit à Gina qu'elle pouvait à nouveau aimer son mari. Elle lui expliqua qu'elle-même devait développer certaines qualités et les exprimer de telle sorte que son mari les remarque et soit motivé à faire de même. Elle se mit à changer. La situation n'évolua pas tout de suite. Au bout de la deuxième semaine, Michel finit par remarquer son changement d'attitude et prit également la résolution de s'améliorer. Ils purent à nouveau s'aimer et aimer leurs enfants. Lors des 13 ans qui suivirent, ils firent profiter de leur expérience beaucoup de couples et les aidèrent à construire une relation conjugale solide. Quel principe Gina mit-elle en pratique lorsqu'elle décida de changer? Elle appliqua 1 Pierre 3,4 et s'exerça à avoir un esprit doux et tranquille.

Dans sa première Epître (chap. 3, versets 1-6), l'apôtre Pierre décrit quatre qualités que Dieu met à la disposition de chaque épouse. Elles sont non seulement agréables à Dieu, mais (comme vous le constatez) peuvent également motiver un mari à changer.

Une de ces qualités, un esprit doux et tranquille» (verset 4), est la clé de la beauté intérieure d'une femme chrétienne.

Examinons plus en détail ce que fit Gina. A l'exemple des femmes de l'Ancien Testament, elle mit sa confiance en Dieu et fut plus attentive aux besoins de son mari qu'aux siens, croyant que Dieu allait pourvoir à tous ses besoins (Phil. 4. 19). «Elle ne s'inquiéta de rien, mais en toutes choses, elle fit connaître ses besoins à Dieu et la paix de Dieu garda son cœur et ses pensées en Christ (voir Phil. 4. 6-7). Elle savait que Dieu allait satisfaire ses besoins, et de ce fait elle put répondre aux besoins de Michel. C'est cela «avoir un esprit doux et tranquille». Cette douceur chasse les craintes qu'une femme peut éprouver lorsqu'elle répond aux besoins de son mari (1 Pierre 3.6).

La douceur

La douceur signifie considérer avec tendresse les sentiments d'autrui, être patient, conciliant.

Dernièrement, un ami et moi évoquions un des couples les plus exceptionnels que nous connaissions. Ce qui faisait d'eux un couple hors du commun était que durant les dix-huit années de leur mariage ils n'avaient jamais élevé la voix. Je sais que cela paraît incroyable, et vous pensez peut-être que le mari est un lâche ou d'un tempérament étonnamment doux. Il n'en est rien, bien au contraire! C'est un grand sportif, cultivé et peu commode de caractère, chef d'une entreprise prospère. Et le fait qu'il ne crie jamais après sa femme, ne signifie pas pour autant qu'il ne crie pas après les autres.

On peut se poser la question suivante: «Comment un homme aussi agressif et déterminé a-t-il pu éviter de crier après sa femme – même au cours de 18 ans de mariage?»

Comme mon ami et moi pensions à cela, nous nous regardâmes, sourîmes et nous exclamâmes en cœur: «Comment *quelqu'un* pourrait-il jamais crier après Hélène?» Hélène est la douceur même.

Avez-vous jamais noté la différence dans la façon dont un père s'occupe de son bébé nouveau né et la façon dont il joue avec son enfant de trois ans? La première fois que je tins mon fils qui venait de naître dans mes bras, je fis très attention et j'eus tellement peur de le blesser que je le rendis rapidement à ma femme. Quand il eut trois ans, nous nous bagarrions presque tous les soirs. Pourquoi étais-je moins doux avec un enfant de trois ans qu'avec un nouveau né? Quand il était un nouveau né, j'étais convaincu qu'il était très fragile et que je devais le traiter avec le plus grand soin pour éviter de lui faire mal.

La motivation-clé pour être doux est de rester conscient en permanence de l'extrême fragilité émotionnelle des autres. C'était presque naturel pour moi d'être de moins en moins doux avec mon fils au fur et à mesure qu'il devenait plus fort. Malheureusement, comme le temps passait, je devins plus dur aux émotions de mon fils parce que mon horaire chargé prenait toute mon attention. Je fis ce que font la plupart d'entre nous – je commençai à considérer Mike comme un acquis. Plus nous considérons les autres comme acquis, moins nous avons tendance à être gentils dans nos rapports avec eux. Nous perdons de vue leur précieuse valeur et leur être intérieur si fragile. En d'autres mots, plus nous attachons d'importance à quelque chose, plus nous prenons de précautions dans la façon de la manipuler. Si je vous donnais un vase de Chine vieux de 300 ans, fin comme du papier et d'une grande valeur, et vous demandais de le mettre à la banque, le traiteriez-vous différemment d'un vase bon marché que je vous confierais.

Quelque chose dans la vie de Mike renouvela complètement ma conscience de sa valeur et de la fragilité de sa vie. Nous étions dans un motel, et je nageais avec mes trois enfants. Tandis que je me bagarrais avec Kari et Greg, Mike nageait alentour avec sa bouée. Je me retournai et aperçus la bouée sans Mike du côté du grand bassin. Au fond de l'eau, je vis

Mike qui gisait – sans mouvement, seul ses doux cheveux blonds suivaient le mouvement de l'eau. Mon cœur fut saisi de chagrin et de peur tandis que je plongeai pour le remonter à la surface. Quand il eut repris connaissance, je sus qu'il faudrait beaucoup de temps avant de prendre de nouveau Mike comme un fait acquis. C'était il y a deux ans et nous n'avons cessé de nous rapprocher depuis lors. Il y a des moments où il vous est difficile d'apprécier pleinement la haute valeur de votre mari, mais il reste que c'est une créature toute spéciale de Dieu avec des besoins, des déceptions, des blessures et des sentiments comme n'importe quel autre être humain. Dans les chapitres suivants, nous parlerons des façons spécifiques dont vous pouvez exprimer de la gentillesse dans votre relation avec votre mari et vos enfants.

Un amour dénué d'égoïsme

L'amour altruiste est un acte visant à satisfaire les besoins d'autrui.

Nous nous marions presque tous en croyant que notre amour pour le conjoint ne flétrira jamais – et pourtant il y a aujourd'hui presque un divorce pour deux mariages. Pendant trop longtemps nous avons cru à des «romans à l'eau de rose» sur l'amour, comme étant le type d'amour auquel nous devions tendre. Il ne faut pas longtemps pour se rendre compte que la simple passion, qui repose sur les relations sexuelles, n'est pas suffisante en elle-même pour établir une relation durable. Malheureusement, de trop nombreux couples se marient en pensant que c'est de cet amour dont ils ont besoin.

Il y a au moins trois types d'amour, chacun unique. De ces trois types d'amour – l'affection, la passion et l'amour véritable – seul le dernier fournit un fondement adéquat pour le développement des deux autres. Si cet amour-là manque, la relation ne durera probablement pas longtemps. Une des vertus les plus extraordinaires de l'amour véritable est que Dieu peut le construire à l'intérieur de nos personnalités sans l'aide de sentiments (Gal. 5:22; Rm. 5:5). Avant que nous nous arrêtions à ce qu'est l'amour véritable, considérons d'abord les deux autres types d'amour.

L'affection

Ce premier type d'amour s'exprime par: «Je suis amoureux» ou «Je n'aime plus mon mari». Il est possible pour des gens de «tomber amoureux» ou «de ne plus être amoureux» parce que l'affection se base sur une personne qui répond à *nos* besoins et qui nous permet de vivre *nos* attentes. Tant qu'elle répond à nos besoins émotionnels, physiques et intellectuels, et à nos attentes, nous demeurons «amoureux» d'elle. Quand elle cesse de répondre à ces attentes ou ne satisfait plus nos besoins, nous pouvons facilement perdre les sentiments d'affection que nous lui portons.

La passion

Le second type d'amour est décrit à bon escient par le mot «passion». Ce type d'amour tourne principalement autour de la satisfaction de nos besoins sexuels. Tout comme l'affection, la passion est basée sur la capacité de notre partenaire à répondre à nos besoins – plus spécialement tout ce qui est romantique et sexuel. C'est la base de la plupart des mariages immatures – deux personnes ont vraiment «envie» l'une de l'autre et se marient pour avoir la garantie que leur conjoint sera toujours près d'eux afin de satisfaire leurs besoins. La passion est le fondement le moins solide d'un mariage, comme en témoigne le taux élevé de divorces parmi les mariages de jeunes. La passion doit être une composante d'une relation conjugale, mais si la passion est le fil qui tisse le mariage, celui-ci a une plus grande chance de s'effilocher.

L'amour véritable

L'amour véritable est totalement différent des deux premiers types. L'affection et la passion nous rendent sensibles à nos propres besoins et nous incitent à regarder aux autres pour satisfaire nos besoins. L'amour véritable, comme le Christ nous le met en évidence, cherche à connaître les besoins d'autrui et cherche des occasions de répondre à ces besoins (Jean 15:11-13). En d'autres termes, l'amour véritable dit: «Je vois ton besoin; permets-moi d'y répondre». Ou comme l'apôtre Paul le définit: «Je me consacre à répondre à tes besoins – tes besoins sont mon guide» (Gal. 5:13-14). L'idée centrale de l'amour véritable n'est pas de recevoir, mais de donner. Quand une personne reçoit de l'amour véritable de la part de quelqu'un, cela peut constituer une des forces motrices de la vie de cette personne. J'eus une mauvaise note en géométrie la première fois que je suivis ce cours au lycée. Cela me donna le «privilège» de redoubler. Je détestais les mathématiques, et mes notes au début de la deuxième année ne furent pas meilleures, j'eus de nouveau un «0». Au milieu de l'année, notre professeur tomba malade et nous eûmes un remplaçant. Quand il traversa la salle de classe la première fois, nous eûmes un sursaut. Il était si défiguré que pendant une semaine nous regardions par la fenêtre quand nous levions la main pour répondre à une question. A la fin de la deuxième semaine, son visage n'était plus du tout un sujet de perturbation, parce que nous ressentions qu'il nous aimait, chacun personnellement. Il essayait de voir ce dont chacun d'entre nous avait besoin pour progresser dans notre compréhension de la géométrie. Il était évident pour nous que son plus grand intérêt était de répondre à nos besoins individuels pour apprendre les maths. Il démontrait son amour véritable pour moi en restant après la classe en de nombreuses occasions, faisant tout ce qui était en son pouvoir pour élargir ma compréhension de cette matière. Ses yeux brillaient et son sourire le rendait très attirant. Nous commencions tous à voir sa beauté cachée. J'étais si motivé par son attitude que mes notes passèrent de «5» à «15».

L'amour véritable n'a pas forcément sa source dans les sentiments. Sa base est tout d'abord un *souci* du bien-être d'autrui. Bien que les sentiments d'affection suivent, l'amour véritable est initialement une *action* qui a pour but de répondre aux besoins d'une personne.

La première étape dans le développement de l'amour véritable envers votre mari est de le considérer comme Dieu le voit (Jean 3:16). C'est vous consacrer à prendre soin de lui parce qu'il en vaut la peine et que Dieu prend un très grand soin de lui. En obéissant à la Parole de Dieu, dans Jean 15:11-13, vous recevez la joie et la paix dont Christ parle comme d'une récompense. Le plan de Dieu est fantastique: vous bénéficiez de la vie qu'il a promise, et vous satisfaisez les besoins les plus profonds de votre bien-aimé en même temps.

Au chapitre 9, nous parlerons des cinq besoins fondamentaux de l'homme et de la manière d'y répondre. Mais pour aimer réellement votre mari, vous devez aller au-delà et découvrir ceux qui lui sont propres.

La *seconde étape* consiste à utiliser votre créativité pour répondre à ses besoins. Nous évoquerons également cette étape au chapitre 9.

Réflexion personnelle

Réussir à développer ces six qualités de beauté intérieure est l'engagement de toute une vie. Lorsque ces qualités deviendront de plus en plus partie intégrante de votre caractère, il sera beaucoup plus facile pour votre mari d'apprendre *de vous* ce qu'exige une relation plus épanouissante. Les chapitres suivants vous décriront des étapes précises qui vous aideront à motiver votre mari à poursuivre une relation épanouissante et attentionnée. Beaucoup de ces étapes produiront assez rapidement des résultats visibles. Pour d'autres, il faudra vous armer de patience.

Deuxième partie

Construire un mariage solide

7

Eveillez chez votre mari le désir de passer du temps avec vous

«*Et que chaque épouse estime et respecte son mari*»
(Ephésiens 5:33)

Avant mon mariage, j'étais attiré par un certain type de femmes. Je n'étais d'ailleurs pas le seul, beaucoup d'autres hommes l'étaient également. Finalement, je décidai de faire une liste des qualités que nous aimions tous en elles. J'en découvris au moins six qui leur étaient communes. Je crois qu'en ayant ces attitudes, vous pouvez augmenter le désir de votre mari de vous consacrer plus de temps:

1) Admirez-le;
2) Ayez en permanence une attitude positive;
3) Concentrez votre énergie et votre attention plus sur votre beauté intérieure que sur votre apparence;
4) Concurrencez ses centres d'intérêts;
5) Utilisez vos qualités féminines intrinsèques de douceur;
6) Demandez-lui son avis dans les domaines qui vous intéressent.

Admirez-le

Tout comme il y a des lois physiques, telle la loi de la gravité, qui régissent nos activités quotidiennes, il y a également des lois relationnelles qui sont puissantes et solides. L'une d'entre elles est celle de l'admiration. Son discours est le suivant: *Les gens sont attirés par ceux qui les admirent et ont de la répulsion pour ceux qui les humilient ou les méprisent.* L'admiration est l'un des besoins les plus profonds et les plus importants de l'homme. C'est probablement la raison pour laquelle les Ecritures enseignent aux femmes à admirer leurs maris (Eph. 5:33). L'apôtre Pierre affirme que l'admiration peut même amener un mari à la foi (1 Pierre 3:1-2).

Le mot *admirer* (ou *respecter, honorer* dans l'Ecriture) signifie dans son sens premier: «Accorder une haute valeur à quelqu'un». Quand la Parole parle de «craindre Dieu», cela veut simplement dire que Dieu doit être le plus important pour nous – il doit avoir la première place dans nos vies: c'est le commencement de la sagesse (Proverbes 9:10). Admirer, respecter, craindre et honorer ont des sens proches et tous nous disent de nous considérer mutuellement comme des personnes dignes de respect (Romains 12:10).

La loi de l'admiration est une partie extrêmement importante de ce livre, car elle est la base de toutes les relations qui progressent et qui durent. L'élément vital est que vous n'avez pas besoin d'aimer une personne pour l'admirer. Admirer quelqu'un est un choix, une décision, un engagement, un acte de notre volonté. C'est nous dire à nous-mêmes, «Dieu aime et attache du prix à cette personne, et donc, je le peux aussi.»

Votre mari pourrait vous irriter, vous humilier, vous offenser, vous ignorer et, même, vous donner la nausée, mais l'admiration va au-delà de ce qu'il fait et voit qui il est. Elle est inconditionnelle. Le questionnaire suivant peut vous montrer pour quelles raisons votre mari ne veut pas passer autant d'heures avec vous qu'il le fait à regarder la télévision ou à vaquer à d'autres intérêts.

Questionnaire

1. *Avez-vous montré plus d'admiration ou avez-vous valorisé davantage d'autres hommes que votre mari – un pasteur, un enseignant ou le mari d'une autre femme?* Même sans en être conscient, votre mari peut être blessé par votre estime pour d'autres hommes. Les questions «As-tu vu Sarah et Jacques à la réception? Tu as vu la bague qu'il lui a offerte!» peuvent faire penser à votre mari que Jacques a plus de succès et est

plus généreux que lui, que Jacques traite mieux sa femme que votre mari ne vous traite. Une affirmation telle que «J'aime être avec Jeanne et Didier. As-tu remarqué quels égards il a pour elle?» peuvent amener votre mari à présumer immédiatement que vous considérez qu'il est moins prévenant que Didier. Toute comparaison, qu'elle soit directe ou indirecte, peut faire comprendre à votre mari que vous admirez une autre personne plus que lui-même. Certains hommes évitent même l'église parce qu'ils sentent qu'ils ne pourront jamais se mesurer avec le pasteur que leur femme vante à longueur de semaine. Les domaines qui sont particulièrement sensibles chez votre mari sont: son travail, ses amis, son héritage familial et son intelligence. Evitez de louer d'autres hommes en sa présence à moins que vous ne soyez capable en même temps de montrer une admiration encore plus grande à son égard, ou à moins qu'il ne soit déjà sécurisé par l'admiration que vous lui portez et que votre relation soit solide.

2. *Avez-vous diminué ou critiqué votre mari, ses capacités, son caractère ou ses activités?* Cela est particulièrement destructeur quand la remarque est faite devant ses amis ou ses enfants. Même les militaires – qui ne sont pas réputés pour leur sensibilité – reconnaissent que le premier principe du commandement, après l'entraînement de base, est qu'il est inacceptable de déprécier la personnalité d'un homme ou ses capacités en face des autres. Je ne connais rien qui démoralise plus un homme que la critique en présence d'une tierce personne.

3. *Avez-vous tendance à faire pression sur lui pour qu'il fasse quelque chose, et ce, jusqu'à ce que vous obteniez le résultat escompté?* «Harceler» est un autre mot pour exprimer la pression qu'une femme exerce sur son mari. Il a l'impression d'être incompétent ou irresponsable et plutôt que de l'aider à assumer ses responsabilités, cela lui donne envie de les ignorer. Et si la femme continue à le harceler, il cherchera la compagnie de personnes qui ne lui rappellent pas sans cesse ses incompétences. Ce sont les expressions du visage et le ton de la voix qui déprécient une personne.

4. *Les discussions anodines se transforment-elles en conflits?* Il peut considérer de telles discussions comme une insulte à ses capacités et à son intelligence, alors que vous serez plus consciente de la longue liste de problèmes dus au fait qu'il n'est plus attentif aux petites choses. Mais plutôt que de lui reprocher sa mauvaise volonté et de l'attiser par des disputes, cherchez des façons indirectes d'augmenter son attention pour votre univers et de lui faire comprendre pleinement ce qu'impliquent ses dires. (Nous en parlerons plus en détail au chapitre 9.)

5. *Vous surprenez-vous à remettre en question les explications qu'il donne?* Par exemple: s'il vous appelle pour vous prévenir qu'il doit travailler tard, mettez-vous en doute son jugement en lui demandant: «As-tu vraiment besoin de travailler tard ce soir?» Cette question sous-entend que vous ne lui faites pas confiance. Tout ce qu'il comprend, c'est que vous contestez sa façon de juger des choses. Personne n'aime passer du temps avec une personne suspicieuse.

6. *Vous êtes-vous plainte de plus de trois choses au cours de la semaine passée?* (son emploi du temps, le temps qu'il passe avec les enfants, son manque d'aide dans les tâches ménagères?) Le fait de se plaindre a le même effet que celui de le harceler. Cela le repousse.

7. *Avez-vous jamais comparé votre degré de sensibilité au sien?* C'est ce qui distingue principalement l'homme de la femme. L'apôtre Pierre dit que la femme est «un sexe plus faible». Le mot grec pour *plus faible* est «plus sensible» ou plus «fragile» (1 Pierre 3:7; Rom. 14:1). Puisque les femmes ont tendance à être plus attentives aux relations et aux aspects enrichissants et pratiques de la vie, il est raisonnable de penser que votre mari n'est pas aussi conscient que vous de ce qu'il faudrait améliorer ou changer dans votre relation. Si vous vous attendez à ce qu'il désire le même degré d'intimité, et si vous vous sentez offensée parce qu'il ne fait pas attention à ce qui vous paraît évident, l'expression de votre visage et le ton de votre voix peuvent exprimer une attitude de jugement et de

dépréciation. Beaucoup de femmes pensent que leurs maris passent la nuit à chercher quelles blessures ils pourraient leur infliger. Eh bien, ce n'est pas vrai. Ces choses sont naturelles pour la plupart des hommes! Si elle ne comprend pas que la conduite fondamentale d'un homme est de conquérir et de trouver son identité à travers sa profession ou ses activités, la femme peut être blessée parce qu'elle prend son attitude d'indifférence pour une offense personnelle. Elle pense qu'il ne l'aime pas – elle ou les enfants. Il interprète sa colère ou ses réactions négatives comme un moyen de l'humilier, spécialement si elle dit: «Tu aurais dû savoir... ou réaliser... ou faire attention...» La meilleure façon d'aider un homme indirectement est de l'accepter en tant qu'homme et de le valoriser pour ce qu'il est aujourd'hui et ce qu'il sera grâce à votre aide patiente et aimante. (Accessoirement, nous avons besoin, nous les hommes, de ce qu'une femme peut nous donner pour nous-même et notre bien-être. Nous avons besoin d'être plus attentifs aux sentiments et à ce qui construit des relations durables.)

Conseils pratiques pour montrer à votre mari que vous l'admirez

Au cours de mes discussions avec des hommes, j'ai découvert qu'il y a une multitude de moyens par lesquels leurs pairs, leurs secrétaires, leurs employeurs et leurs amis leur montrent qu'ils sont importants. J'ai pris les dix exemples les plus fréquents et décrit brièvement la façon dont vous pouvez les appliquer à votre relation.

1. *Cherchez à connaître l'avis de votre mari, ses opinions sur vos décisions.* Consultez-le pour connaître ses opinions sur le choix des meubles, la façon d'arranger la maison, sur le style et la couleur des vêtements, sur ce qu'il aimerait pour le dîner, etc. Essayez pourtant de ne pas poser de questions ouvertes comme «Que veux-tu pour dîner ce soir?» Bien que vous ayez de bonnes intentions, vous l'obligez à penser à quelque chose

qu'il peut considérer comme étant de votre responsabilité. En revanche, si vous demandez: «Qu'aimerais-tu pour le dîner – un steak ou des spaghettis?» il appréciera le fait que vous teniez compte de lui. N'en faites pas trop cependant, car votre mari pourrait croire que vous devenez trop dépendante et que vous manquez d'imagination. Maintenez plutôt un équilibre en cherchant des occasions de connaître son opinion et ses conseils. S'il voit que vous tenez compte de ses idées, il saura que vous lui accordez de la valeur.

2. *Essayez de vous souvenir de ses demandes et désirs et commencez à les satisfaire si possible.* Un ami proche m'a raconté comment sa femme lui avait fait comprendre qu'il avait de l'importance à ses yeux. Quelques semaines auparavant, il lui avait fait cette réflexion: «J'aimerais juste une fois regarder un match de football du début à la fin sans être interrompu». Quelque temps après, alors qu'il s'apprêtait à regarder un match, sa femme entra dans le salon, prit les deux enfants et dit «Allons faire une petite sieste». Après les avoir mis au lit, elle revint et dit: «Je sors faire des courses maintenant: j'espère que tu ne seras pas dérangé pendant que tu regardes ce match. J'ai également débranché le téléphone.» Ce qui l'étonna le plus fut que sa femme s'était souvenue de la réflexion qu'il avait faite plusieurs semaines auparavant et que, de toute évidence, elle avait cherché l'occasion d'y répondre. Pour lui montrer qu'il avait apprécié cette attention, il fit les réparations qui attendaient depuis longtemps dans la maison.

Certains mécanismes des relations humaines sont aussi prévisibles que celui des lois de la nature, ainsi *personne ne peut ignorer éternellement des actes pleins d'amour.* Si vous faites en sorte que votre mari se sente important, vous augmentez son désir de faire de même pour vous. (Cependant, s'il en profite, utilisez l'idée de lui faire part de vos sentiments, voir chapitre 11.)

Notez cinq requêtes que votre mari a faites ou qui sont sous-entendues. Il pourrait s'agir d'un repas particulier que vous n'avez pas fait depuis longtemps ou d'un de ses desserts favoris. Si vous commencez à répondre à certains de ses désirs, il se peut que vous ne receviez pas d'encouragement immédiat de sa part. Il se pourrait même qu'il dise: «Ce n'est pas trop tôt!» Faites appel à votre volonté dans ces moments difficiles afin d'aller au bout de votre projet, car plus vous persisterez dans ce sens, plus vous en verrez les fruits.

1. _____
2. _____
3. _____
4. _____
5. _____

3. *Recherchez des occasions d'attirer l'attention sur les qualités de votre mari quand vous êtes en compagnie d'autres personnes.* Par exemple: Vantez ses mérites à vos enfants, attirez leur attention sur ses qualités. Si vous êtes avec des amis et qu'il dise quelque chose d'intéressant, dites-lui que c'est intéressant et demandez-lui de développer son idée. Ou racontez à vos amis et proches un fait particulier qui met ses qualités en lumière. Par exemple: «Jean tient compte de mes sentiments! L'autre jour, je n'ai pas dit un mot sur ce que je ressentais, mais je peux dire que ça n'allait pas. Il est venu et m'a pris dans ses bras. Il m'a dit qu'il savait que je n'étais pas bien et m'a demandé comment il pouvait m'aider.»

Je ne saurais dire comme je me sens réconforté quand les gens rapportent de temps à autre quelque chose de positif que ma femme a dit à mon sujet. Je me sens alors apprécié et j'ai envie de rentrer à la maison pour la prendre dans mes bras.

4. *Faites un effort pour apprendre à apprécier les occupations de votre mari. Essayez de comprendre combien sont importantes pour lui ses activités professionnelles.* De nombreux hommes sont frustrés dans leur travail, pensant que personne n'apprécie leur valeur, leurs talents et leurs capacités. Si vous appréciez ce que fait votre mari, vous pouvez devenir son *seul* espoir pour qu'il puisse croire qu'il a une quelconque valeur.

Tant qu'il n'en sera pas vraiment persuadé, il aura du mal à faire attention à la valeur des autres – la vôtre y compris.

Ne dévaluez jamais son travail ou l'importance de ses activités professionnelles. Rien ne détruit davantage l'estime de soi d'un homme que d'entendre sa femme démolir ses efforts pour subvenir aux besoins des siens. Et même si vous ne le critiquez pas, vous pouvez le dévaloriser en ignorant les efforts qu'il fait. Si vous ne pouvez expliquer précisément à quelqu'un d'autre ses responsabilités professionnelles, vous n'en savez pas assez. N'essayez pas de tout connaître en une seule fois, mais questionnez-le de temps à autre pour avoir une compréhension plus claire de la façon dont se passe sa journée, des projets sur lesquels il travaille, et comment ce qu'il fait influence ceux qui travaillent avec lui. (Faites attention de ne pas sous-entendre par la façon dont vous le questionnez que vous pensez qu'il paresse au travail.) Il peut lui-même dévaloriser son travail par de petites allusions. Quand un homme ne se sent pas important à cause de son travail, cela déchire le cœur même de son être. Aidez-le à découvrir la valeur de ce qu'il fait.

5. *Considérez attentivement ce que dit votre mari en vous abstenant de réactions négatives et hâtives.* Je ne préconise pas une obéissance aveugle, mais plutôt une écoute et un esprit ouvert. Souvent nous exigeons que des questions soient résolues à notre manière alors qu'elles auraient pu l'être différemment sans créer de graves problèmes. Si vous avez tendance à réagir immédiatement quand votre mari vous soumet ses idées, disciplinez-vous jusqu'à ce que vous ayez compris toute sa pensée pour la considérer pleinement. Vous éviterez des tensions inutiles dans votre relation et il se réjouira d'être davantage avec vous. Le moment est bien choisi pour introduire l'idée de soumission. La soumission est un merveilleux enseignement biblique qui illustre le mieux l'amour véritable. Malheureusement, il a été mal utilisé au point qu'aujourd'hui ce mot a des connotations négatives. Probablement ceux qui en ont souvent fait un mauvais usage sont des maris mal guidés et des dirigeants qui ont compris – à tort –

qu'autorité signifie «pouvoir absolu», c'est-à-dire prendre des décisions sans s'occuper de ceux qui sont sous l'autorité.

Jésus a dit avec des mots et par l'exemple que quiconque désire être un guide ou un dirigeant doit apprendre à être le serviteur de tous (Matt. 20:26-27). *Les guides, dirigeants sont des personnes qui aiment.* Ils servent – se soumettent – et écoutent ceux qu'ils guident.

Quand un mari aime sa femme en étant compréhensif, gentil, chaleureux et communicatif, il est relativement facile pour elle de lui être soumise. Mais même si votre mari ne vous aime pas de cette manière, vous devriez cependant pratiquer la soumission. C'est l'amour en action. Cela lui fait comprendre qu'il a de la valeur et que ses besoins sont plus importants que les vôtres pour l'instant. (Il est également important que les maris soient soumis à leurs femmes – voir Ephésiens 5:2. Nous en parlons de façon plus approfondie dans le livre qui leur est destiné.)

Voici un résumé de ce «secret biblique» qu'est *la soumission.*

- Je me soumets à Dieu. Je lui demande ce dont j'ai besoin et je m'attends à lui pour y répondre (Ps. 62:1; Phil. 4:6-7,19).
- Je suis consciente que j'ai de la valeur pour Christ, car il a donné sa vie pour moi (Jean 3:16).
- En attendant que Christ réponde à mes besoins, je me préoccupe des besoins de ceux qui m'entourent. J'oublie mes propres besoins, car Dieu en prend soin (Eph. 3:19-20), et je me concentre sur ce que je peux faire pour les autres (Jean 15:11-12).

---

6. *Ne laissez pas passer plus de deux jours sans exprimer votre appréciation sur au moins une chose que votre mari a dite ou faite.* N'oubliez pas qu'il est plus agréable d'être avec des personnes qui vous font sentir que vous avez de l'importance qu'avec celles qui ne le font pas.

7. Utilisez votre sensibilité pour détecter les buts personnels de votre mari, et soutenez-le dans la poursuite de ces buts. Il peut s'agir d'un avancement dans sa société, d'une augmentation de salaire ou d'un passe-temps. Un homme d'affaires du Texas qui avait réussi me dit que sa femme l'avait toujours soutenu pour réaliser ses objectifs personnels. Quand elle sut combien il était important pour lui d'être respecté des autres dans son champ d'activité, elle l'aida de multiples façons à atteindre ce but – en améliorant son goût dans sa manière de s'habiller, en l'encourageant à avoir des manières galantes, etc. (Il accueillit favorablement son aide dans ce domaine parce que jamais elle ne lui imposa ses idées.) Elle l'encouragea dans les moments où il eut envie d'abandonner et le félicita à chaque fois qu'il atteignait un de ses objectifs.

8. Admirez votre mari de façon non verbale. Les études sur la communication entre maris et femmes ont montré que les mots ne représentent que 7% de la communication totale. 38% de la communication conjugale s'exprime par le ton de la voix et 55% par les expressions du visage et le mouvement du corps. En d'autres termes, quand vous dites quelque chose à votre mari, les mots eux-mêmes ne représentent que 7% du message. Prenons la phrase: «Je t'aime». Elle peut être dite de façon à communiquer: «Bien sûr, je t'aime; je paie le loyer, non?» Ou elle pourrait s'exprimer de cette façon: «Je t'aime tellement que je ne pourrai jamais vivre sans toi.» Ou: «J'ai désespérément besoin de toi pour combler mes besoins». C'est pourquoi j'ai entendu tant de femmes répondre au «je t'aime» de leur mari: «Tu as des façons bizarres de le montrer». Voici quelques façons *non verbales* de montrer à votre mari combien il est important pour vous:

1. Soyez attentive à ce qui le préoccupe quand il rentre à la maison.
2. Soyez aussi attirante que possible quand il rentre à la maison.
3. Préparez des repas appétissants.
4. Montrez-lui de l'intérêt et posez-lui des questions sur son travail, ses activités, ses problèmes, ses succès.

5. Ecoutez-le attentivement en ayant les yeux fixés sur lui.
6. Ne le mettez pas en concurrence avec la télévision, la vaisselle ou même les enfants quand il essaie de vous parler.

9. *Désirez et recherchez réellement le pardon de votre mari quand vous l'avez offensé.* Les hommes et les femmes tendent à éviter ceux qui les ont blessés. (Une des critiques les plus courantes que font les enfants au sujet de leurs parents est que ces derniers n'admettent jamais leurs torts.) La clé pour «passer l'éponge» avec votre mari n'est pas de dire simplement «Je suis désolée». C'est une phrase que même les enfants utilisent pour éviter une fessée. Quand quelqu'un nous a blessé, nous n'aimons pas en général entendre le facile «je suis désolé». Nous voulons savoir que la personne réalise qu'elle avait tort et qu'elle nous a blessé. Je crois qu'il y a de nombreuses façons maladroites de demander pardon. Elles sont mauvaises parce qu'elles n'amènent pas l'harmonie avec la personne que nous avons blessée et ne nous font pas prendre conscience de la valeur que cette personne a pour nous. Par exemple, évitez de dire:

1. «Je suis désolée *si* j'ai eu tort; *j'espère* que je ne t'ai pas blessé.»
2. «Je suis désolée d'avoir fait cela; je n'avais pas l'intention de te blesser.»
3. «Je suis désolée d'avoir dit ce que j'ai dit, mais tu avais tort toi aussi.»
4. «Je suis désolée. La prochaine fois j'essaierai de faire plus attention.»

Avec des excuses semblables, votre mari sentira que vous n'endossez pas la pleine responsabilité de vos actes. Ou bien vous minimisez la profondeur de la blessure que vous lui infligez ou vous minimisez le rôle que vous avez joué dans cette blessure. En conséquence il aura peut-être l'impression que votre excuse n'est pas sincère. Bien qu'il puisse dire: «je te pardonne», il se dira en lui-même: «En réalité elle n'est pas du tout désolée. Elle essaie simplement de se débarrasser de sa culpabilité».

Un des meilleurs moyens que j'aie découvert pour demander pardon est, malheureusement, le plus difficile et le moins original. Tout ce que cela vous demande, c'est d'aller vers votre mari et le regarder droit dans les yeux pour lui dire: «J'ai eu tort dans ce que j'ai fait ou dit. Peux-tu me pardonner?». Deux choses se passeront alors. Tout d'abord, votre mari désirera restaurer la relation et sera prêt à vous pardonner, et, deuxièmement, cela l'incitera probablement à faire la même chose pour vous à l'avenir. Et, bénéfice accessoire, cela lui montre l'importance qu'il a à vos yeux – vous lui dites indirectement que vous vous souciez suffisamment de lui pour ne pas le laisser avec des blessures.

Ayez en permanence une attitude positive

Quand j'étais à l'université, je sortais avec de nombreuses filles. Un jour, j'en rencontrai une qui avait une qualité particulière qui m'attira comme un aimant. Tout en continuant à voir les autres, je l'appelai presque tous les jours, passant une heure ou deux au téléphone avec elle.

Ce magnétisme qui m'amenait à me ruer sur le téléphone, c'était l'attitude positive de cette fille. Il était si agréable de parler avec elle, car elle ne disait ou ne faisait jamais rien de négatif. Au contraire, elle était toujours encourageante et positive. Quatre ans plus tard nous nous sommes mariés et, aujourd'hui, après quatorze années de mariage, sa vision positive de la vie continue à être une source formidable de joie et de force. Elle utilise son intuition et son écoute pour voir au-delà des solutions apparentes, et elle entrevoit souvent les avantages à tirer de situations qui me paraissent noires et sans espoir.

Si vous voulez que votre mari aspire à passer du temps de qualité avec vous, il est essentiel que vous appreniez à avoir – et à extérioriser – cette attitude positive. Peut-être direz-vous: «Si vous connaissiez mon mari... Si vous saviez ce que j'endure... il est tout simplement impossible pour moi d'avoir une attitude positive». Alors posez-vous les questions suivantes:

– Comment est-ce que je me comporte quand j'ai mal à la tête et que nous avons des invités à dîner?
– Comment est-ce que je me comporte quand je suis pressée et que je rencontre au supermarché un ami qui a des problèmes?

Nous trouvons habituellement facile, ou du moins nécessaire, d'avoir une attitude positive avec nos amis ou nos associés. N'êtes-vous pas d'accord pour dire que votre conjoint mérite la même considération?

Quand votre mari rentre du travail, la pire chose que vous puissiez faire est de l'accueillir avec un commentaire négatif sur ce qu'il a oublié ou le malheur qui vous est arrivé dans la journée.

Je ne dis pas que vous ne deviez jamais parler de choses négatives. Je souligne qu'il y a une façon juste et un moment opportun pour en parler. Attendez qu'il ait pris le temps de se reposer ou que la maison soit calme après le coucher des enfants. Si une situation négative est importante au point de lui en faire part dès qu'il rentre – alors, utilisez le principe du sel (chapitre 5). Les accueils avec des nouvelles négatives devraient être l'exception, et non la règle. Le retour de votre mari à la maison devrait être aussi paisible que possible.

Vous êtes-vous jamais demandé pourquoi les gens gravitent autour du négatif plutôt que du positif? La réponse est simple. Nos natures profondes ont tendance à être négatives. Peu nous importe combien une situation peut être bonne, nous sommes encore capables d'y voir le négatif. Par exemple quel est le groupe de chiffres ou le mot qui attire votre attention le plus rapidement?

$2+2=4 \quad 5+6=11 \quad 7+8=17 \quad 8+8=16 \quad 9+11=20$
lire – amour – crisper – devlper – chic

Remarquez que vos yeux s'arrêtent automatiquement sur ce qui est incorrect.

Nous avons tendance à remarquer les choses négatives. La plus grande partie des informations dans nos journaux, à la télévision, à la radio tourne autour de ce qui va mal. Et c'est pourquoi nous nous délectons du dernier commérage «intéressant»!

La pensée négative, particulièrement sur nous-mêmes, est une cause majeure d'un regard sombre sur la vie. Ce que nous disons de nous-mêmes a un pouvoir plus puissant sur nos sentiments que le problème même. Nous nous bombardons tous d'affirmations comme «Je ne vaux rien», «Je suis un raté», «Je ne peux rien faire correctement», «Il ne m'aime pas», «Ce type me rend folle», «Je m'embourbe», «Ma tête va éclater», «J'en ai par-dessus la tête.» ... Toutes ces exclamations négatives s'arrêtant au mauvais côté des choses produisent une attitude négative. Le résultat final d'une vie passée à dire des choses négatives est la frustration, le désespoir et la dépression. Il est très important de comprendre qu'une grande part de la dépression et du découragement est liée directement aux pensées négatives. Si dès 9 heures du matin nous nous mettons à penser «Je ne vaux rien», «Je suis un raté» ou «Il ne m'aime pas», nous serons déprimés dès 11 heures.

Nos sentiments *suivent le cours de* nos pensées et de nos actions. Si notre pensée et nos actes sont positifs, alors nos sentiments *seront* positifs en quelques heures. (L'Ecriture enseigne que ce qu'une personne «pense au-dedans d'elle-même, elle le devient», Prov. 23:7.)

Comment avoir une attitude positive

J'ai eu l'occasion de conseiller une jeune femme qui avait été violée quand elle était jeune. Je pouvais voir à l'expression de son visage qu'elle était découragée et désespérée à cause de ce qui était arrivé et embarrassée d'en parler. Sentant qu'elle avait été trompée dans la vie, elle éprouvait en quelque sorte du ressentiment à l'égard de Dieu qui avait permis qu'une chose aussi horrible lui arrive. Toujours incapable de vaincre le sentiment de honte qu'elle en ressentait, elle commença à me dire comment elle vivait les choses en tant qu'adulte.

Je commençai par lui dire qu'elle ne serait jamais libérée du ressentiment, de la honte et de toute attitude négative résultant de son expérience tant qu'elle ne verrait pas d'abord les «bénéfices» qu'elle pouvait tirer de cette situation. Elle me regarda comme si j'avais perdu la raison quand elle me demanda: «De quels bénéfices parlez-vous?

– Je vais vous poser une question très délicate basée sur deux passages de l'Ecriture: 1 Thes. 5:18 et Romains 8:28. Pensez-vous qu'à l'instant vous pourriez remercier Dieu pour ce qui *vous est arrivé?*

– J'imagine que vous plaisantez, dit-elle. Je ne pourrai jamais remercier Dieu. La seule chose pour laquelle je puisse être reconnaissante, c'est que je ne sois pas devenue folle à la suite de cette agression. Je suis reconnaissante de cela.

– Je ne vous demande pas d'être ‹reconnaissante› car c'est une expérience terrible. Je vous demande juste si vous voulez bien dire à Dieu: ‹Merci, Seigneur, pour cette attaque parce que je sais que tu peux la transformer en bien. Je ne peux pas en voir les bienfaits maintenant (Esaïe 61:3; Rom. 8:28).

Elle ne pensait pas qu'elle pourrait le faire, ce qui était compréhensible. Cependant, je lui dis qu'elle pourrait transformer ses sentiments, et je lui demandai alors si elle souhaitait mon aide. Elle me répondit: «A tout prix».

– Tout d'abord, examinons votre vie, quand vous sortiez avec des garçons avant votre mariage. Est-ce que vous avez permis à l'un d'entre eux d'aller jusqu'à la relation sexuelle quand vous le fréquentiez?

– Absolument pas! répondit-elle. Quand cet homme m'a fait cela, je me suis juré qu'aucun homme ne profiterait plus *jamais* de moi.

– Donc, en d'autres mots, parce que cela vous est arrivé quand vous étiez plus jeune, vous n'avez jamais eu une conduite immorale quand vous étiez à l'université. Par conséquent, cela vous a épargné les blessures qui peuvent résulter d'une relation illicite. Cela a même pu vous sauver

des conséquences d'une grossesse avant le mariage. Pour résumer, cet homme vous a donné un «vaccin» qui vous a probablement «sauvée» d'autres problèmes.
– Oui, je n'y ai jamais pensé de cette façon, mais c'est exactement ce qui est arrivé,
– Maintenant, je vais vous montrer la chose la plus importante de toutes. Vous avez reçu un «cadeau» au moment même où vous avez été agressée. Savez-vous à quoi je fais allusion?
– Non, de quoi s'agit-il?
– Vous avez reçu un don qui n'a pas de prix et qui vous permettra de mieux aimer les autres d'une façon sincère: *une plus grande sensibilité*. Etes-vous attentive aux besoins de vos enfants et de votre mari?
– Très attentive!
– Je vous crois. Il est naturel qu'à la suite d'un événement tragique nous devenions plus attentifs et plus sensibles aux souffrances de ceux qui nous entourent. L'attention et la sensibilité deviennent alors la base d'un amour véritable – être capable de détecter les besoins d'une autre personne et être motivée pour y répondre le plus efficacement possible.»

Je continuai en demandant quel genre d'homme elle avait épousé. Etait-il dur ou gentil? Elle me dit que son mari était très aimant, tendre et gentil. Elle le considérait comme un ami merveilleux. Il devint de plus en plus évident pour nous que, parce qu'un homme l'avait violée, elle avait plus conscience d'avoir besoin d'un mari gentil et compatissant.

Au moment où elle quitta mon bureau, elle avait des raisons pour remercier Dieu à cause de son passé. Après avoir été liée par des sentiments négatifs pendant des années, elle se sentit libérée en pensant simplement aux facteurs positifs

La première étape vers une attitude positive est de découvrir les bienfaits de la situationt négative. (Incidemment, j'ai rarement entendu parler d'une situation négative qui n'ait pas de côtés positifs.) Il semble souvent que plus la situation est tragique, plus les conséquences positives sont importantes. Je ne dis pas que le bénéfice qu'on peut retirer d'une situation négative justifie la situation. Absolument pas. Je dis qu'en reconnaissant le *côté positif* d'une situation négative, nous pouvons être libérés des chaînes qui nous lient à la culpabilité, au ressentiment, au désespoir et à tout autre sentiment négatif qui nous a tenu captifs.

A ce principe, je dois ajouter deux mises en garde. D'abord je ne veux donner d'excuse à quiconque pour faire quelque chose de mal, en rationalisant le fait que quelque chose de bon en sortira. Je crois qu'un tel raisonnement est peu profond et perverti car l'auteur d'un dommage est toujours le perdant (Luc 17:1-2). Deuxièmement, les personnes qui souffrent à la suite de tragédies n'ont pas besoin de constatations démoralisantes comme: «Je sais que vous pouvez tirer du bon de cela si vous essayez vraiment». Aussi, soyez tout d'abord sensible à leurs émotions et leur besoin immédiat d'être réconfortées. Au moment opportun, après avoir consolé la personne avec gentillesse et bienveillance, vous pouvez l'aider à voir les avantages de ses problèmes.

Plus vous découvrirez de bénéfices inhérents à vos *propres problèmes,* plus votre attitude deviendra positive. Résultat: votre mari désirera passer plus de temps avec vous.

Concentrez votre énergie et votre intérêt plus sur votre beauté intérieure que sur votre apparence

Il est évident que les hommes comme les femmes passent généralement plus de temps et d'énergie à soigner leur extérieur qu'à affermir leur être intérieur. Une femme devrait faire tout ce qui est en son pouvoir pour être physiquement attirante pous son mari.

Cependant, la beauté extérieure ne fera qu'attirer le regard de l'homme, tandis que la beauté intérieure retiendra son *cœur* (1 Pierre 3:1-6).

Nous avons parlé (au chapitre 6) de plusieurs qualités de beauté intérieure qui peuvent «faire fondre» le cœur de presque chaque homme: le courage, la persévérance, la reconnaissance, le calme, la gentillesse et un amour véritable. Pour plus de commodité, je résumerai ci-dessus les définitions correspondant à chacune de ces qualités:

1. Le courage	l'*engagement* intérieur de poursuivre un but valable sans jamais perdre espoir.
2. La persévérance:	le fait de *continuer* à poursuivre un but jusqu'à ce qu'il soit atteint.
3. La gratitude:	une *reconnaissance* sincère pour les bienfaits que nous devons aux autres.
4. Le calme:	une *paix* intérieure qui vous permet d'avoir un attitude tranquille et dénuée de crainte dans n'importe quelle situation de stress.
5. La gentillesse:	témoigner d'une *tendre considération à l'égard des sentiments d'autrui*.
6. L'amour véritable:	répondre aux *besoins* d'un autre, avant de nous préoccuper de nos besoins personnels.

Si vous développez ces qualités, votre mari désirera passer de plus en plus de temps avec vous.

Concurrencez ses centres d'intérêts

Toute femme doit se poser ces questions qui demandent réflexion: «Pourquoi mon mari voudrait-il passer plus de temps avec moi?» «Aurais-je, si j'étais à sa place, envie de passer plus de temps avec moi?» «Que puis-je faire pour être plus attirante?» «Comment puis-je être plus attirante pour lui que ses centres d'intérêts?»

La première étape pour obtenir l'attention de votre mari est de vous rendre vous-même plus intéressante et plus attirante.

Par exemple, j'ai rencontré une femme qui souffrait profondément de passer en second après les autres et le travail de son mari. Après avoir gardé ce ressentiment pendant plusieurs années, elle commença finalement à comprendre *pourquoi* il préférait la compagnie des autres à la sienne. Lors d'un voyage particulièrement pénible, elle avait été de mauvaise humeur et grincheuse tout le temps parce que son mari avait été pris par d'autres personnes. Après y avoir réfléchi longuement, elle comprit que son mari ne voulait pas passer de temps avec elle parce les choses qu'elle aimait ne l'intéressaient pas (faire les boutiques, les bijouteries, etc.). Après ces vacances gâchées, elle décida d'être plus attirante et intéressante.

Aussi, pendant que son mari faisait un voyage d'affaires, elle décida de s'attaquer à des changements personnels de façon énergique. Elle perdit du poids, changea de coiffure et s'habilla différemment. Mais, *le plus important,* elle changea certaines de ses attitudes. Elle fit un effort tout particulier pour développer des qualités de beauté intérieure. Quand son mari l'aperçut à l'aéroport où elle était venue l'attendre, il lui dit qu'il s'était honnêtement demandé, *qui est cette belle blonde avec des lunettes?* Il ne pouvait pas croire qu'elle soit devenue si différente. Il ne commença pas seulement à passer plus de temps avec sa «nouvelle» femme, mais il devint plus conscient des domaines dans lesquels il n'avait jamais montré même un semblant de sensibilité.

Quand votre mari rentre le soir après le travail, comment êtes-vous mise? Etes-vous coiffée? Et qu'en est-il de vos vêtements? Quand il va dans la cuisine ou la salle à manger pour dîner, la table est-elle propre et mise avec recherche? Préparez-vous de temps à autre son plat préféré? Dans chaque domaine de votre vie, découvrez comment vous pouvez être si attirante qu'il vous préférera à toute autre personne ou toute autre activité. (Rappelez-vous que cet effort n'aura pas seulement de bénéfices pour vous-même, mais aussi pour lui, dans toutes ses relations, spécialement avec vos enfants.)

Le fait d'admirer ou de respecter votre mari est le second moyen d'entrer en concurrence. Il a soif d'admiration sincère et de respect et il gravitera autour ceux qui admirent sa personnalité ou ses dons. Ce besoin d'admiration motive les hommes à passer du temps dans des comités, à courir les fonctions politiques et à participer à différentes compétitions sportives. En fait, beaucoup d'hommes font des compétitions acharnées simplement pour recevoir un trophée: symbole tangible de réussite.

La troisième étape dans cette rivalité demande que vous montriez un plus grand intérêt pour sa vie que d'autres personnes – plus grand que ses amis, ses collègues... Imaginez l'impact dans votre relation si vous prodiguez à votre mari une dose quotidienne d'intérêt véritable. Il quitterait probablement ses amis et son travail tôt pour vous retrouver à la maison. Ne riez pas, c'est possible!

Je me souviens d'une jeune femme qui vint me voir à mon bureau, brisée émotionnellement et en pleine détresse après que son mari lui avait avoué qu'il voyait une autre femme. Il avait l'intention de la quitter, bien que décidé à rester jusqu'à la naissance de leur bébé. Quand il lui eut dit cela, elle devint hystérique. Elle dit: «Comme je pensais le perdre, j'étais si malheureuse que ma réaction même le repoussa. Je suis sûre que jusqu'à l'expression de mon visage exprimait une laideur intolérable pour lui.»

Les semaines restantes étaient précieuses. Je lui dis d'utiliser tous les moments dont elle disposait pour faire concurrence à cette autre femme. Elle le fit simplement. Elle se rappela quels étaient ses repas favoris et les lui prépara. Elle nota ses centres d'intérêts et commença à centrer ses conversations autour d'eux. Prenant soin de son apparence, elle essaya de paraître à son avantage quand il rentrait le soir. Et surtout elle ne lui demanda jamais de rester à la maison, bien qu'elle sût qu'il sortait sans doute avec l'autre femme. Elle devint plus prolixe dans l'expression de son admiration pour lui et commença à faire de petites choses qui selon elle seraient très importantes pour lui. Au début, il résista à ses efforts, lui disant qu'elle perdait son temps. *Mais elle persévéra.*

En trois mois, son mari avait cessé de voir l'autre femme à cause des changements qu'il voyait chez la sienne. Il dit qu'il voyait en elle une beauté qu'il n'avait jamais remarquée auparavant, cette beauté intérieure qu'elle avait lutté pour développer. Son fort intérêt pour son mari, doublé d'une sensibilité à ses besoins, avait dépassé tout ce que l'autre femme pouvait offrir.

Utilisez votre qualité spécifiquement féminine de douceur

N'en êtes-vous jamais arrivée au point de perdre le contrôle de vous-même? Crier, casser des objets dans des accès de colère peut résulter *de votre besoin d'une relation* plus profonde avec votre mari. Comme il ne répond pas à ce besoin, vous êtes frustrée et explosez de temps en temps. Ces explosions peuvent éventuellement permettre de réassortir le mobilier, mais elles ne peuvent rien faire pour changer sa conduite.

Je suis sûr que vous êtes profondément consciente des déficiences de votre mari. Cependant, il est de la plus haute importance que vous vous reteniez de le lui faire remarquer dans des moments de colère. Comme nous l'avons dit plus haut, un homme a tendance à combattre sa propre conscience; et si vous devenez sa conscience, il s'opposera à vous ou il vous fuira. Quelle que soit la route que vous empruntiez, vous manquerez votre objectif de passer plus de temps avec lui.

Vous devez dire à votre mari à quel point il est important que vous passiez du temps ensemble. Mais, dites-le lui d'une façon douce et aimante, au bon moment. Expliquez à votre mari quels événements importants vous auriez aimé passer avec lui: anniversaires de mariage, anniversaires, vacances et autres moments particuliers qui sont précieux pour vous. *Ensuite, découvrez quels moments il aimerait passer avec vous.*

Il est aussi important de parler des activités que vous aimeriez pratiquer ensemble. C'est-à-dire des moments où vous aimeriez être seule avec lui ou sortir avec des amis, avec ou sans vos enfants. (Avez-vous jamais campé seule avec lui? Souvenez-vous: quand le soleil se couche, il vous reste deux bonnes heures où vous pouvez prendre le temps de communiquer sans que personne ne vous dérange.) Faites-lui comprendre que s'il passe du temps avec vous, il se fait une faveur à lui-même. Expliquez-lui que plus vous devenez proches dans votre relation, plus vous serez disposée à répondre à ses besoins sexuels. Expliquez-lui aussi que, tandis que votre relation grandit, vous avez un désir plus fort de lui faire plaisir: de préparer les repas qu'il aime, de vous habiller de la façon qu'il préfère, d'aller voir des matchs avec lui. Je crois que l'un des meilleurs moyens pour reconnaître les besoins spécifiques de votre mari et y répondre est de développer et de maintenir une communication ouverte, à travers une relation avec lui qui va en s'approfondissant.

Je me suis souvent demandé ce qui poussait certaines femmes à manger jusqu'à devenir obèses. Croiriez-vous qu'une des raisons est un manque de communication? Pourtant, c'est vrai. J'ai découvert que leur façon de manger compulsive est souvent liée à des maris apathiques. Le simple sentiment d'une relation incomplète peut pousser une femme à se tourner vers le réfrigérateur pour trouver un peu de réconfort. Quand une femme prend du poids, le rejet de la part de son mari, doublé de sentiments de culpabilité, font une pression d'autant plus accrue sur elle. Frustrée et nerveuse, elle devient encore plus boulimique. La seule façon dont elle puisse sortir de ce cercle vicieux est de communiquer avec son mari – d'une façon douce – et de lui dire qu'elle a besoin qu'il la comprenne et l'accepte.

En expliquant vos sentiments et vos besoins gentiment, avec calme et amour, il devient évident que vous n'êtes pas égoïste en lui demandant de passer plus de temps avec vous. Un manque de temps avec lui vous affecte vous et votre relation avec lui.

Cherchez à connaître son opinion sur vos centres d'intérêts

Une des matières de Béatrice à l'université était l'économie familiale incluant un cours de décoration intérieure. C'est une femme extrêmement créative qui n'a pas besoin de son mari pour l'aider dans la décoration de la maison. Que ce soit dans le choix du papier-peint ou de la moquette, pour installer des lampes ou des meubles, elle est capable de créer l'atmosphère qu'elle veut dans une pièce avec un goût infaillible, grâce au choix du décor. Stéphane est conscient du talent de sa femme; il réalise qu'elle n'a pas besoin de son aide pour aménager la maison. Mais, en bien des occasions, elle lui a montré qu'elle avait besoin de lui et qu'elle appréciait ses conseils en lui demandant son opinion à propos d'échantillons de moquettes, de tissus, etc. Elle n'a jamais méprisé son goût et en réponse à cela, il m'a dit qu'il cherche toujours à faire des choses avec elle.

Beaucoup d'hommes apprécient que leurs femmes leur demandent leur avis. Ma femme peut toujours compter sur moi pour l'aider à remettre quelque chose en état. Si elle me demande de le faire, cela ne m'intéresse pas en général. Mais dès que je la vois s'évertuer à faire quelques réparations, je saute sur l'occasion de l'aider et nous faisons le travail *ensemble*. Cela me fait vraiment plaisir quand elle me demande gentiment de l'aider sans insister et qu'elle m'exprime de la gratitude pour le temps que j'y ai passé. Vous pouvez penser, *Pourquoi une femme devrait-elle avoir à faire tout cela pour que son mari passe du temps avec elle? Cela ne semble pas juste!* Je suis d'accord avec vous. Mais, rappelez-vous, les hommes sont des bisons et les femmes des papillons. Un bison n'arrivera jamais à avoir la sensibilité du papillon à moins que vous ne lui donniez la motivation nécessaire.

Cependant, vous devriez, à ce stade, prendre garde à plusieurs pièges. Tout d'abord, quand vous le réquisitionnez pour vous aider, ne le critiquez pas d'avoir fait un travail pire que celui que vous auriez fait vous-même. Critiquer son travail est le moyen le plus rapide pour le décourager de vous aider une prochaine fois. Si ce qu'il fait ne répond pas à vos critères, tenez votre langue.

Deuxièmement, s'il donne une réponse que vous n'aimez pas quand vous avez demandé son avis, ne commencez pas à discuter. Vous pouvez facilement éviter des disputes en lui proposant des choix viables. Par exemple: Si vous voulez connaître son opinion sur le papier-peint, ne lui donnez pas un catalogue avec cinq cents échantillons. Réduisez l'éventail à quelques modèles qui vous plaisent. Ensuite, demandez-lui de décider lequel il préfère. S'il n'en aime aucun, retournez étudier votre catalogue et rapportez-lui de nouveaux échantillons à choisir.

Ma dernière recommandation est: soyez sélective quand vous demandez son aide, et ne le mettez jamais dans l'embarras.

Après nos études, notre revenu était beaucoup trop bas pour que nous puissions acheter des tentures toutes faites pour notre salon. Aussi Norma les fit-elle elle-même, avec mon aide. Après un cours de couture éclair, je travaillai avec Norma presque du début à la fin pour terminer ces rideaux. Ils n'étaient pas ce qu'il y a de mieux, mais nous étions contents de les avoir confectionnés ensemble. Et je me rendis mieux compte de toutes les petites choses que demande le fait de coudre et de confectionner des rideaux. Cela vous paraît bien n'est-ce pas? Eh bien non!

Je n'oublierai jamais le jour où j'étais en voiture avec mon supérieur et il me dit: «J'ai parlé avec votre épouse et elle m'a raconté que vous l'aviez aidé à confectionner des rideaux». Il me regarda d'un drôle d'air: «Aimez-vous vraiment coudre?». J'étais si gêné que je me jurai de ne jamais plus aider ma femme dans un domaine qui pourrait être mal interprété par les autres. Si elle avait dit quelque chose comme: «J'ai vraiment apprécié l'aide de mon mari pour dessiner nos rideaux», cela n'aurait pas été aussi embarrassant. Mais je me sentis ridicule de ce que les gens sachent que je m'étais assis devant sa machine à coudre. C'était encore pire quand on m'a demandé si j'aimais la couture. Maintenant que je suis plus «mûr», il me serait égal d'admettre une telle chose. Mais quand j'étais jeune, mon ego ne le supportait pas.

Les six facteurs pour motiver votre mari, dont nous avons parlé dans ce chapitre, fonctionnent vraiment. Il serait impossible à qui que ce soit de développer et d'appliquer toutes ces choses du jour au lendemain, mais, en son temps, vous aurez d'innombrables occasions d'utiliser chacune d'elles. Quand vous le ferez, vous verrez que votre mari sera attiré par l'admiration et le respect que vous lui témoignez. Votre attitude positive sera une source d'encouragement et de force dont il sera de plus en plus dépendant; et tout le monde bénéficiera de votre engagement à son égard.

Réflexion personnelle

1. Pourquoi un mari croirait-il à la Parole de Dieu, sans que sa femme dise un seul mot (1 Pierre 3:2)?
2. Comment le verset 10 de Romains 12 s'applique-t-il au mot *soumission*? Définissez ce mot dans votre relation personnelle.

8

Obtenez une parfaite attention de votre mari

«Qui peut trouver une femme vertueuse? Elle a bien plus de valeur que les perles.» (Proverbes 31:10)

Lors d'un voyage à Los Angeles, le pilote annonça qu'une équipe de majorettes était à bord et passerait dans les allées pour chanter «Bon anniversaire» à toute personne dont l'anniversaire tombait au cours du mois. Quand elles eurent fini leur prestation, je demandai si je pouvais interviewer celles qui étaient mariées pour un livre que j'étais en train d'écrire. Elles y consentirent de bonne grâce, et j'eus la possibilité de parler avec deux d'entre elles. L'une était mariée depuis un an; l'autre depuis trois. Toutes deux s'exprimaient avec aisance, étaient intelligentes et attirantes.

Je commençai mon interview en leur demandant quelle était leur plus grande déception dans leur mariage. La réponse de chacune fut qu'il lui était pratiquement impossible d'obtenir une attention totale de son mari à moins que celui-ci n'eût quelque motif caché.

Je ne fus pas surpris que leurs réponses soient identiques. J'ai entendu les mêmes choses maintes fois de la part de femmes, jeunes ou moins jeunes, jolies ou non. «Le mari n'écoute pas» semble faire partie de la plainte universelle des femmes. Ces deux femmes me dirent qu'elles avaient abandonné tout espoir de voir quelque chose s'améliorer dans leur mariage. Elles s'étaient résignées à trouver cela «simplement normal» comme le reste de la société.

Ce *n'est pas* «simplement normal», et cela *peut* changer! Qu'importe votre situation, vous avez au moins quatre moyens d'obtenir une attention parfaite et totale de la part de votre mari. Les deux jeunes femmes étaient impatientes de savoir comment donner à leur mari le désir de les écouter. Vous aussi, vous pouvez trouver des sources d'encouragement grâce aux changements que vous constaterez en utilisant les conseils ci-dessous.

Soyez rayonnante

Il y avait quelque chose dans mon père qui m'attirait comme un aimant. Quand l'école était finie, bien souvent je me précipitais dans la quincaillerie qu'il tenait au lieu de jouer avec mes amis. Qu'est-ce qui m'attirait ainsi vers mon père? Pourquoi préférais-je aller le voir plutôt que de faire autre chose? Dès que j'entrais dans son magasin, il me semblait que toute sa personne s'illuminait. Ses yeux étincelaient, il avait un sourire radieux et l'expression de son visage révélait immédiatement combien il était heureux de me voir. Je m'attendais presque à ce qu'il dise: «Regardez tous, mon fils est ici». J'aimais énormément cela. Je n'en avais pas conscience à l'époque, mais ces expressions non verbales, extraordinairement puissantes, étaient ce qui m'attirait vers lui.

93 % de notre communication est non verbale. Votre mari peut être attiré ou repoussé par votre comportement non verbal.

Si à son retour du travail il trouve chez lui un visage qui dit «Tiens! Voilà Monsieur Ronchon qui rentre à la maison» ou «Ah, ce n'est que toi!», il se sentira bien entendu rejeté. Chaque fois que vous le voyez, vous devez «rayonner» d'enthousiasme, spécialement dans l'expression de votre visage et le ton de votre voix. Cet «éclairage intérieur» traduit que vous avez conscience de sa valeur. C'est ce que je vois chez Norma quand je passe le seuil de notre maison et, par conséquent, j'ai envie de prendre le temps de parler avec elle et de l'écouter. Si son visage s'éclaire à la mention d'un sujet particulier, elle augmente mon désir de parler de ce sujet; c'est pour cela que j'aime l'écouter, connaître ses opinions et ses besoins.

Quand un mari «voit» que vous l'appréciez sincèrement, il aura envie de se rapprocher de vous (1 Pierre 3:1-2).

Des étudiants en psychologie comprirent parfaitement et mirent en pratique l'effet de ce rayonnement. Ils décidèrent de tenter une expérience. Chaque fois que le professeur se rapprocherait du radiateur – ils se mirent d'accord sur le fait de paraître plus attentifs –, ils se tiendraient bien droits, auraient l'air réjoui, prendraient plus de notes, seraient aussi intéressés que possible, sans que cela devienne trop évident. Chaque fois que le professeur s'éloignerait du radiateur, leur attention diminuerait de façon notoire – ils se regarderaient avec l'air de s'ennuyer, s'affaleraient sur leurs chaises. Cette expérience confirma ce principe. Après quelques semaines, le professeur donnait l'intégralité de son cours près du radiateur.

Alors que j'étais au lycée, j'essayai de faire une expérience similaire. Je demandai à ma nièce Déborah âgée de dix ans de construire une centaine de phrases en utilisant dans chacune l'un des pronoms suivants: lui, elle, nous, il ou je. J'avais décidé auparavant que chaque fois qu'elle utiliserait le pronom «il», je lui exprimerais mon approbation par des gestes. Quand elle utiliserait d'autres pronoms, je resterais impassible, regarderais d'un air ennuyé en parlant d'un ton indifférent. Après la cinquantième phrase, Déborah utilisa systématiquement le pronom «il» et continua ainsi jusqu'à la fin. Elle me dit qu'elle n'avait pas fait attention à mon comportement et croyait que j'avais continué à vérifier la structure de ses phrases. Elle n'avait pas remarqué qu'elle utilisait fréquemment le pronom «il». Depuis j'ai utilisé cette technique pour montrer que je m'intéresse à ce que disent ceux qui me côtoient. J'ai aussi découvert que l'intérêt des autres pour ce que je dis augmente quand j'utilise ce type de communication non verbale positive.

Je vous encourage à utiliser cette technique pour montrer à votre mari son importance à vos yeux. C'est un moyen pour vous aider à construire une relation aimante.

Informez-vous sur ses centres d'intérêts et son métier

Beaucoup d'hommes permettent à leurs passe-temps de devenir une passion qui les consume. Une femme m'a dit qu'elle désirait parvenir à une relation plus profonde avec l'homme «d'extérieur» qu'était son mari, mais elle ne connaissait rien à la chasse ou à la pêche. Elle décida que le seul moyen de connaître ce centre d'intérêt de son mari était d'aller elle-même à la chasse et à la pêche. Elle n'avait en fait aucun désir de chasser et de pêcher, mais elle *désirait* avoir une relation plus profonde avec son conjoint.

Tout d'abord, elle lui demanda de lui montrer comment se servir d'un fusil. Ils passèrent des heures dans un champ de tir pour avoir la pratique nécessaire. La suite de son programme – une partie de pêche – se révéla frustrante à cause de son manque d'aptitude. Aussi s'entraîna-t-elle au lancer dans la cour et vit que sa joie augmentait au fur et à mesure qu'elle progressait. Pendant les premières semaines elle fut prise de découragement et pensa que toute cette idée était une perte de temps. Mais elle persévéra. Maintenant, elle aime chasser et pêcher avec son mari. Non seulement les expériences partagées les ont rapprochés, mais surtout ils ont un centre d'intérêt commun dont ils aiment parler ensemble. Il est facile pour elle d'obtenir toute son attention en entamant une conversation sur la chasse ou la pêche, pour passer ensuite à d'autres sujets.

Si vous sentez que votre mari manque de patience pour vous enseigner une de ses passions, que cela ne vous empêche pas d'apprendre. Cherchez un autre moyen pour vous y mettre. Des cours existent pour presque tous les sports ou autres activités de loisir. Essayez de prendre quelques leçons pour voir si vous «accrochez», et puis surprenez-le une fois que vous avez quelques compétences. Si vous lui faites part de vos intentions avant de commencer, il pourrait douter que vous y arriviez ou même vous décourager d'essayer.

Presque chaque homme est intéressé par un sport – que ce soit en tant que spectateur ou participant. Quel que soit le sport que votre mari aime regarder à la télévision, essayez d'y trouver de l'intérêt. Au début, il peut vous ennuyer, mais au fur et à mesure que vous connaitrez les règles, les techniques, etc., vous apprécierez davantage de ce sport. Soyez attentive à ce qui se passe, comme le fait de votre mari, autrement votre esprit se dispersera. S'il regarde un match de football et que vous décidiez de faire un petit peu de tricot en même temps, il y a des chances pour que cela le fasse grimper aux murs. En ce qui le concerne, l'intérêt sans attention n'est en aucun cas de l'intérêt.

Comme nous l'avons mentionné au chapitre 7, chaque homme a besoin de se sentir admiré. Parce qu'il passe la plus grande partie de son temps au travail, son identité est liée à celui-ci, tout comme la vôtre est liée à votre maison et à votre famille ou à votre profession. Si vous n'êtes pas intéressée par son travail, il est presque impossible pour lui de croire que vous l'admirez en quoi que ce soit. Par conséquent, il est extrêmement important que vous en sachiez suffisamment sur ses responsabilités pour montrer un véritable intérêt. Vous ne pouvez pas tout connaître de son travail du jour au lendemain. Prenez votre temps pour cela.

Une femme dont le mari était routier me confessa qu'elle éprouvait de la répulsion pour ce métier. Elle mettait tous les routiers dans la catégorie des personnes aux moeurs légères, brutales, grossières et sales. Bien qu'elle ne lui eût jamais rien *dit* de négatif, son attitude non verbale avait fait passer le message. Et lentement, mais sûrement, son mari n'eut plus envie de passer du temps avec elle.

Je l'encourageai à regarder de plus près l'industrie routière, et les services qu'elle rend à notre société. Je lui rappelai que beaucoup de ce qu'elle possédait était livré par camion... Virtuellement presque toute industrie dépend de l'industrie routière... Une grève de routiers serait catastrophique. Je lui dis les nombreuses fois où ma famille avait été dépannée par des routiers ayant la bonne volonté de s'arrêter et de nous aider quand notre voiture était tombée en panne.

Je lui suggérai de demander à son mari quelles étaient les marchandises qu'il livrait, les villes qu'il traversait, les gens qu'il rencontrait, et les problèmes auxquels il devait faire face. En l'espace d'un mois, elle eut une nouvelle façon d'apprécier la valeur aussi bien que la difficulté de son travail.

Utilisez le principe du sel pour obtenir l'attention de votre mari

Au chapitre 5, nous avons parlé de ce principe et de son application. Si vous êtes encore quelque peu incertaine sur la façon de l'utiliser, il serait bon que vous relisiez ce chapitre avant d'aller plus loin dans votre lecture.

Le principe du sel est indubitablement la façon la plus efficace pour obtenir l'attention de votre mari. Bien que le fait d'apprendre à utiliser cette technique demande un peu de pratique, une fois que vous la dominerez, vous obtiendrez invariablement son attention – même s'il n'est pas dupe. N'oubliez pas d'utiliser cette technique avec une attitude aimante, douce et gentille. Si votre attitude ou votre ton de voix révèle de l'orgueil ou de l'impudence, votre époux pensera que vous essayez simplement d'éveiller sa curiosité et considérera que c'est une arme, spécialement si vous l'utilisez pour amorcer sa curiosité et que vous refusez de la satisfaire. Il n'y a pas de moyen plus sûr d'immuniser votre mari contre l'efficacité de ce principe.

Si vous avez la bonne attitude, le principe du sel fonctionne même quand l'auditeur n'a pas le temps ou est sous pression. Vous n'avez pas à attendre que votre mari soit libéré de toute tension et qu'il ait terminé quelque chose pour stimuler sa curiosité. Dites-lui simplement ce que vous avez sur le cœur avec des questions piquantes, une expression agréable sur votre visage et un ton de voix doux.

Apprenez à votre mari à vous écouter

J'espère que ce point est clair maintenant: *la plupart* des hommes ne comprennent pas les femmes. Puisque vous connaissez vos besoins mieux que personne, vous pouvez devenir le meilleur professeur de votre époux. Il doit apprendre de vous *pourquoi* il est important de vous écouter et comment écouter.

Tout d'abord, expliquez-lui pourquoi il est important qu'il vous écoute avec une attention pleine et entière. (La femme nommée «vertueuse» – et aussi «parfaite» – dans Proverbes 31:10 était appelée ainsi parce qu'elle avait des convictions et de l'influence.) Le fait d'être convaincu influence. Quand vous êtes sûre de quelque chose, comme de l'importance d'une meilleure relation, cela se verra à l'expression de votre visage. Dites-lui que s'il ne vous écoute pas attentivement, vous sentez que vous n'avez pas d'importance pour lui et qu'il ne vous apprécie pas. Expliquez-lui que cela diminue votre désir de répondre à ses besoins. Dites-lui clairement, cependant, que le contraire est aussi vrai. Quand il vous écoute attentivement, vous vous sentez plus importante pour lui et vous avez un plus grand désir de répondre à ses besoins avec plus d'imagination. Il se peut que vous deviez lui répéter tout cela avant qu'il ait pleinement compris. Mais, chaque fois qu'une occasion se présente, c'est une autre chance que vous avez de stimuler sa curiosité.

En plus du fait d'expliquer *pourquoi* vous avez besoin de son attention totale, vous devez lui montrer comment la donner. Parlez-lui de la communication non verbale. S'il apprend à lire l'expression de vos yeux ou de votre visage, vous approfondirez votre relation et votre communication. Rappelez-lui avec douceur qu'une attention distraite ne vous fait aucun bien, que vous ne voulez pas faire concurrence à son travail, au sport ou à la télévision.

Prenez garde à ce que ces moments de communication ne se transforment pas en discussions houleuses. Utilisez votre sensibilité pour apprendre comment éviter les débats, les mots ou les façons de faire qui mettent de l'huile sur le feu. Certaines femmes concèdent que leur seule possibilité d'obtenir l'attention de leur mari est de commencer une dispute. Malheureusement, ce n'est pas ce type d'attention totale qui construit une relation saine. Faites que votre communication soit aussi encourageante et agréable que possible.

Apprendre à obtenir l'attention totale de votre mari sur une base solide devra être une de vos résolutions les plus importantes. Cependant, obtenir son attention n'est pas une fin en soi. C'est un moyen de développer plusieurs belles facettes de votre relation, dont l'une est d'aider votre mari être attentif à vos besoins émotionnels et amoureux, ce dont nous parlerons en détail au chapitre 9.

Réflexion personnelle

Pourquoi la femme de Proverbes 31 était-elle si honorée par son mari ?
Lisez Proverbes 31:10-31. Faites la liste de dix qualités intérieures de cette femme.

9

Rendez votre mari plus sensible à vos besoins émotionnels et à vos désirs

«Une femme vertueuse est la couronne de son mari, mais celle qui fait honte est la carie de ses os.» (Proverbes 12:4)

La plupart des femmes ont cette définition courte et simple de l'amour et de la tendresse: les petites attentions. Avez-vous jamais essayé d'expliquer à votre mari ce que sont ces «petites attentions»? Une femme m'a dit un jour: «Mon mari pense qu'il me fait une grande faveur en m'achetant un nouveau grille-pain. Mais pour moi cela ne représente pas autant que s'il me disait bonjour le matin en m'embrassant et me disait qu'il me trouve vraiment formidable».

Une femme peut tellement s'identifier à ses enfants, sa maison, son train-train quotidien qu'elle arrive à perdre son identité en tant qu'individu. Par conséquent, elle ressent un besoin profond d'être reconnue comme unique, aimée pour elle-même. Aucune femme ne veut être considérée simplement comme «l'épouse»: cette moitié qui travaille, fait la cuisine, le ménage, tient son rôle de mère, repasse, lave le linge ou sert de chauffeur à la famille. Il ne suffit pas que sa famille lui montre qu'elle apprécie le rôle qu'elle joue. Elle a besoin que son mari la sorte de ce carcan exigeant et l'aime pour ce *qu'elle est* plutôt que pour *ce qu'elle fait*. Une fois qu'il est sensibilisé à ses besoins émotionnels et à ses désirs, il peut répondre par des actes créatifs, par ce que les femmes appellent «de petites attentions». (J'en parle à l'intention de votre mari, avec plus de détails dans le livre «Si seulement il savait».) Vous pouvez susciter chez lui la motivation et le savoir nécessaires pour répondre à vos besoins en apprenant à faire les trois choses suivantes:

1) Semer des graines d'amour;
2) Lui expliquer vos besoins et vos désirs;
3) Exprimer votre reconnaissance, sans rien attendre pour vous-même.

Semer des graines d'amour

Nous récoltons ce que nous semons (Gal. 6:7). Vous avez entendu dire cette phrase des centaines de fois, mais elle reste aussi vrai maintenant qu'il y a des milliers d'années. Si vous êtes grossière et querelleuse, les gens vous répondront sur le même registre. Inversement, si vous êtes attentionnée et gentille, il sera difficile pour les autres de vous répondre d'une autre manière. Au fur et à mesure que vous découvrirez les besoins de votre mari et ferez des efforts pour y répondre, il finira par le remarquer et vous en sera reconnaissant. De cette appréciation naîtra un désir d'enrichir votre relation. Si vous commencez à semer des graines d'amour et d'attention auprès de votre mari, vous récolterez bientôt son amour et son appréciation.

Découvrez les besoins qui sont propres à votre mari

Certaines femmes s'imaginent qu'elles connaissent tout des besoins de leur époux sans avoir à lui poser de questions. Mais je n'ai jamais rencontré d'être humain qui puisse dire que son conjoint connaît *absolument* tout de lui.

Il y a des femmes qui pensent «connaître leur mari sur le bout des doigts». En toute confiance, elles disent: «Je sais exactement pourquoi il fait cela» ou «Je le connais à fond». Souvent il suffit que je leur pose quelques questions pour faire comprendre à ces «madame je sais tout» qu'elles en connaissent beaucoup moins au sujet de leur conjoint qu'elles ne l'imaginent. Beaucoup, qui pensent connaître leur conjoint intimement, ont en réalité vécu à un niveau superficiel pendant des années. Malheureusement, les mariages de ce type sont la norme plutôt que l'exception.

Passez sur l'aspect superficiel pour découvrir le caractère unique de votre époux. Bien qu'il soit semblable par certains côtés à d'autres hommes, il est unique... unique en son genre. Il est différent par son tempérament, sa personnalité, son enfance, son adolescence, ses relations familiales, son héritage, ses talents, ses buts, ses aspirations, ses succès, ses échecs, ses frustrations et ses déceptions. Vous devez abandonner l'idée qu'il est tout simplememnt comme les autres hommes, ce type commun et moyen que vous pouvez rencontrer tous les jours. *Découvrir qui il est et ce qu'il ressent sera peut-être l'un des «investissements» les plus encourageants et rénumérateurs dans votre vie.* Vous pouvez aussi lui demander: «Qu'est-ce qui t'épanouit le plus en tant qu'homme?» Prêtez toute votre attention quand il exprime ses sentiments les plus profonds. Faites une liste de ces choses et témoignez-lui votre intérêt en en parlant de temps en temps. Essayez de découvrir ce qui le blesse et le déçoit. En d'autres termes, commencez à le connaître vraiment. Puis pensez à certains des besoins généralement communs à la gent masculine, tout en gardant à l'esprit que vous devez les adapter à votre propre mari.

Besoins communs aux hommes

Les hommes ont besoin d'être aimés

De toute évidence, si votre mari avait préféré vivre seul, vous ne seriez pas mariée avec lui maintenant. Chaque homme a besoin de savoir que quelqu'un, quelque part dans le monde, prend soin de lui; de sentir de la chaleur, une acceptation amicale de la part d'une autre personne. Il a besoin d'être sûr qu'il a un ami dévoué, intime qui l'aimera quoi qu'il fasse. Tout comme vous, il a besoin de la sécurité d'un amour véritable. C'est pourquoi les femmes plus âgées doivent apprendre aux plus jeunes à aimer leur mari (Tite 2:4).

L'amour véritable est beaucoup plus qu'un sentiment: c'est cette qualité d'amour qui dure toute une vie. C'est un engagement à prendre soin, sans conditions, de celui que nous aimons et qui dit: «Je reste engagé quelle que soit la façon dont tu me traites ou quoi qu'il arrive». L'amour véritable ne dépend pas des émotions ou des circonstances. Il profite du présent pour apporter joie et sens à la vie de l'autre. Si votre mariage doit devenir tout ce à quoi vous aspirez, vous devez *commencer dès aujourd'hui* à cultiver cet amour inconditionnel, qui est le fondement de tout mariage réussi.

Alors que vous vous attelez à cette tâche, il est très possible que vous n'ayez pas de sentiments amoureux. Ne vous découragez pas. Je vous garantis que si vous persistez à exprimer un amour véritable en actions et en paroles, parce que vous jugez qu'il en vaut la peine, vos sentiments finiront par suivre. Le tendre amour que vous aviez autrefois pour votre époux renaîtra. La notion que l'amour véritable est quelque chose que vous ressentez en permanence est une erreur grave. Les sentiments sont variables: ils fluctuent. Mais l'amour est un engagement qui ne change pas. Votre mari a besoin de sentir que vous l'acceptez inconditionnellement en tant que personne; que vous attachez de l'importance à ses opinions quelle que soit la manière dont il les formule; que vous vous souciez de lui, même si ses habitudes sont déconcertantes pour vous. Il lui faut une écoute attentive de ce qu'il dit, il doit savoir que vous accordez de l'importance à ses paroles et à ses agissements.

Les hommes ont besoin d'être admirés

Les hommes sont capables de beaucoup de choses pour gagner l'admiration des autres. Ils chercheront quelqu'un qui les aime et les respecte – et vous pouvez être ce quelqu'un pour votre mari en lui faisant savoir que vous vous intéressez à lui, que vous désirez savoir ce qui se cache derrière ses décisions et la direction qu'il prend.

Profitez de la variété des moyens à votre disposition pour exprimer votre profonde admiration. Quand il n'a pas le moral, ne réagissez pas avec dégoût. Continuez à le respecter quand vous le réconfortez gentiment. Quand vous l'avez blessé, admettez que vous avez eu tort et demandez-lui pardon. Quand il partage une idée avec vous qui ne vous semble pas juste, ne vous désolidarisez pas. Il a besoin de confiance et de l'assurance que vous ne réagissez pas mal à ses idées. Accordez-lui la même confiance qu'au fauteuil dans lequel vous vous asseyez: une confiance qui lui permette de se reposer et se détendre avec vous. (Si vous avez besoin d'autres idées sur la façon d'admirer votre mari, reportez-vous au chapitre 7.)

Les hommes ont besoin d'être compris et acceptés

Vous ne pouvez pas la cacher et votre mari peut la sentir à un kilomètre. Je parle de cette pensée subtile que vous avez probablement eue depuis que vous êtes mariée: «J'arriverai à le changer un jour». Désolé, mais avec cette attitude, il y a de fortes chances pour que vous n'y arriviez pas.

Montrez-lui acceptation et compréhension pour ce qu'il est, tel qu'il est. Je ne dis pas que vous deviez accepter ses manières d'agir blessantes, sans aucun espoir de changement. Acceptez simplement le fait qu'il a besoin d'être enseigné – avec des moyens nouveaux – sur la façon dont il peut répondre à vos besoins. *N'oubliez pas que votre situation est en constante évolution, si vous êtes dans le même bateau, ne vous attendez pas à ce qu'il arrive avant vous.*

Les hommes ont besoin de savoir que leurs conseils sont valables

Si vous vous situez dans la colonne de droite dans les exemples suivants, vous montrerez à votre conjoint que vous appréciez ses conseils:

Vous fuyez son avis en...	*Vous accueillez son avis en...*
lisant le journal ou en faisant autre chose pendant qu'il vous parle.	mettant de côté tout autre intérêt pendant qu'il parle.
ne le regardant pas dans les yeux.	lui accordant votre totale attention, en le regardant bien en face.
baillant.	soulignant les aspects positifs ou utiles de ses conseils.
le critiquant avant même qu'il ait fini de parler.	lui laissant la parole jusqu'à ce qu'il ait exprimé pleinement son opinion.
essayant d'avoir le dernier mot.	le remerciant pour le temps qu'il a passé à donner son avis.

Les hommes ont besoin de se sentir appréciés

Votre mari pense probablement que sa plus grande contribution envers vous et votre famille est son soutien financier. Il est évident qu'alors un des meilleurs moyens de lui prouver que vous l'appréciez est de le remercier régulièrement pour sa diligence et sa fidélité dans son travail. Même si vous pourvoyez à une partie des revenus, il est crucial que vous lui montriez combien vous lui êtes reconnaissante de sa participation financière.

En plus du soutien financier, votre mari vous prouve le soin qu'il prend de vous par de «petites attentions»: peut-être entretient-il votre voiture ou vide-t-il les poubelles régulièrement. Essayez de garder à l'esprit toutes ces petites choses qu'il fait pour vous économiser temps et effort. Puis, remerciez-le aussi souvent que possible. Son respect de lui-même augmentera s'il voit qu'il est capable de répondre à tous les besoins de la famille qu'ils soient importants ou non. Cela l'amènera à éprouver un amour plus profond pour sa femme qui sait l'apprécier

Expliquez-lui quels sont vos besoins et vos désirs

Faites une liste des besoins et des désirs auxquels vous aimeriez que votre mari réponde. Divisez votre liste en quatre catégories: les besoins émotionnels, physiques, spirituels et mentaux. Il se peut que, dans certains domaines, vous ayez une pléthore de besoins et que, dans d'autres, vous ayez du mal à en trouver. Mais continuez à chercher en vous-même jusqu'à ce que vous soyez sûre que votre liste est complète. Condensez-la en un résumé de vos besoins essentiels de façon à ce qu'elle ne soit pas trop impressionnante.

N'oubliez pas, en exposant cette liste à votre époux, que vous devez parler d'un besoin à la fois. Votre mari peut avoir des difficultés à accepter l'importance de certaines de vos demandes, aussi devrez-vous faire allusion à la différence fondamentale entre hommes et femmes, en particulier dans le domaine de votre sensibilité. Mais prenez garde à avoir une attitude juste. Quand vous lui demandez de faire un effort pour vous comprendre, évitez de vous apitoyer sur vous-même, de vous plaindre ou d'être jalouse. C'est une attitude qui repousserait n'importe qui, particulièrement votre mari.

Finalement, lorsque vous parlez de vos besoins, veillez à utiliser le principe du sel au bon moment. Choisissez des moyens originaux et des moments opportuns. Vous pourriez, par exemple, écrire une lettre pour expliciter vos aspirations profondes. Faites attention de ne pas l'accuser ou de sous-entendre qu'il est responsable des échecs de votre couple; contentez-vous d'expliquer ce que vous ressentez. Qu'il puisse lire votre liste tout seul s'il le désire. Faites en sorte d'aborder le sujet à un moment calme de la journée ou quand il n'y a pas de tensions.

Une approche très maladroite

Une femme me fit part de son découragement au sujet du manque d'intérêt de son mari à son égard. Il faisait preuve d'une énergie et d'un intérêt considérables pour son travail, ses amis et ses loisirs, mais ne s'intéressait presque pas à elle et à leurs enfants. Elle n'en finissait pas de parler de ses nombreuses tentatives pour le faire changer. Mais rien ne semblait marcher. Quand j'en parlai à son conjoint, je me rendis compte qu'elle le mettait quotidiennement en face de ses échecs en tant que mari. Il disait qu'elle avait toujours l'art de choisir le mauvais moment pour parler de leurs problèmes: «juste au moment où j'essayais de me relaxer». Pour couronner le tout, elle cumulait les rôles de plaignante, juge et jury... Elle trouvait le moyen de le critiquer en le condamnant à chaque fois qu'il se trouvait à sa portée, à peine rentré du travail.

Je me rendis compte qu'elle avait ce que j'appelle un «esprit querelleur», *un esprit qui cherche toujours son intérêt personnel.* Elle le mettait constamment au pied du mur, essayant de lui faire voir les choses de son point de vue à elle. La bible décrit les effets d'une femme querelleuse. Elle dessèche un homme comme le soleil brûlant du désert et le conduit à préférer habiter l'angle d'un toit; elle est comme une gouttière qui ne cesse de couler un jour de pluie (Prov. 25:24; 21:19; 27:15).

Quelles analogies parfaites! Les habitudes de cette femme étaient aussi assommantes qu'une gouttière percée, qu'un robinet qui fuit. Sa querelle ressemblait au soleil s'abattant sur le voyageur du désert. Quel que soit l'endroit où son mari voulait fuir, il ne pouvait lui échapper. Il ne trouvait pas d'oasis où se reposer parce qu'elle lui rappelait continuellement ses échecs. Finalement, sa façon d'agir l'avait acculé à l'angle d'un toit, il n'avait plus d'issue.

Voulez-vous savoir ce qui l'amena à descendre du toit en quatrième vitesse? Sa femme se débarrassa de son esprit querelleur et fut ainsi la cause d'un changement radical. Aujourd'hui elle le décrit comme un mari beaucoup plus aimant, qui répond à ses besoins d'une manière qu'elle n'aurait jamais imaginée possible auparavant.

Exprimer vos sentiments et vos besoins n'a rien à voir avec le fait de crier pour dire ce qui ne va pas. Un couple, qui se chamaillait continuellement, décida de passer une semaine entière sans élever la voix. Plutôt que de se disputer, chaque fois que l'un d'entre eux était irrité, il écrivait ce qui l'énervait; si l'un était ennuyé par l'échec de l'autre, il le notait. Ils mettaient leurs récriminations dans la boîte que chacun avait confectionnée à l'intention de son conjoint. Ils avaient décidé qu'à la fin de la semaine ils ouvriraient la boîte qui leur était destinée. Ils prendraient alors connaissance, lui des revendications de sa femme, et elle de celles de son époux.

Le samedi soir arriva enfin. Le mari ouvrit la boîte en premier et commença à lire les dizaines de petites notes, une par une. Ses yeux reflétaient ses blessures et son désappointement tout en lisant: «Cela fait six mois que tu as promis de réparer la porte d'entrée et ce n'est toujours pas fait.» «Tu ne mets jamais tes chaussettes dans le linge sale», «Je commence à en avoir assez de ramasser tout après toi, où que tu ailles». Il était sincèrement peiné de toutes les façons dont il avait blessé sa femme.

Puis ce fut au tour de sa femme d'ouvrir la boîte. Elle lut le premier bout de papier la gorge nouée. Le deuxième lui fit monter les larmes aux yeux. Ramassant trois autres papiers, elle les lut rapidement et commença à pleurer. Sur chaque petit mot était écrit: «Je t'aime». «Je t'aime». «Je t'aime».

Comme beaucoup d'épouses, vous vous êtes peut-être trompée en pensant qu'un jour vos plaintes arriveraient à remodeler votre mari et à le transformer en l'époux de vos rêves. Mais j'espère que l'exemple ci-dessus illustre clairement que seuls l'amour inconditionnel et la tendresse peuvent transformer un antagoniste grincheux en un partenaire humble et aimant.

Cependant, il est important d'exprimer vos sentiments. Une épouse toucha le cœur de son mari par un petit mot qu'elle lui écrivit. Il changea son programme de la semaine pour passer plus de temps avec elle. Le mot disait: «Bien souvent je me sens comme une petite pomme rouge et brillante – comme celles qu'on place bien en évidence sur les étalages. Chaque jour tu viens et tu en choisis une, mais ce n'est jamais moi. Ta main vient tout près, quelquefois même elle me soupèse, mais tu en choisis toujours une autre. Il y a un petit ver qui grandit à l'intérieur de moi et chaque jour je deviens moins attirante. J'attends avec impatience le jour où tu me choisiras!»

Exprimez votre gratitude sans rien attendre en échange

J'ai reçu récemment une carte de ma femme dans le courrier. Elle me disait qu'elle m'aimait, que chaque année notre relation était plus épanouie et qu'elle appréciait certaines attitudes et façons d'agir que j'avais eues récemment: il n'y avait pas l'ombre d'attentes cachées dans sa carte. Elle ne demandait rien, mais ce qui est sûr, c'est que cela m'encouragea à faire plus pour elle.

Au cours des années, l'attitude de Norma, une attitude non exigeante, m'a donné envie d'inventer des moyens toujours nouveaux de lui exprimer mon amour. Tout cela commença dans les premières années de notre mariage à propos de meubles «récupérés».

Norma en avait plus qu'assez du triste mobilier d'occasion que nous possédions. Pendant des mois, elle me demanda de le remplacer. «Gary, c'est vraiment trop laid. Je suis mal à l'aise quand nos amis viennent. S'il te plaît, serait-il possible que nous allions acheter d'autres meubles?»

Je me sentais comme l'esclave de ses attentes. *«Qu'importe ce que je fais, elle n'est jamais contente,* pensais-je. *Avec une attitude pareille, je ne lui achèterai jamais un autre mobilier.»* (Quelle attitude dominatrice j'avais alors!)

Un jour la lumière se fit en moi. *«Voilà un an qu'elle n'a rien dit à propos du mobilier. Elle n'y a même pas fait allusion.»* Il semblait assez évident que Norma avait abandonné ses attentes entre les mains du Seigneur (Ps. 62:1-2). Elle était maintenant plus préoccupée de développer les qualités intérieures. A ce moment-là je fus prêt à tout faire pour elle. Je fus si reconnaissant de sa «nouvelle» attitude que je lui demandai combien d'argent elle souhaitait que je retire de nos économies. Puis nous allâmes ensemble acheter un divan, des lampes, des tables et des chaises...

Les plaintes de Norma n'avaient servi à rien, mais sa patience non exigeante avait tout accompli. Dans notre foyer, nous avons constaté plusieurs facteurs qui rendent le changement plus facile pour chaque membre de la famille: exprimer le changement souhaité sans émettre de date limite; montrer l'approbation pour le plus petit progrès qui tend vers ce changement; exprimer l'acceptation et l'amour qu'il y ait changement ou non.

Réflexion personnelle

En vous appuyant sur 1 Pierre 3:1-6:

1. Ecrivez votre définition personnelle de l'admiration.
2. Décrivez comment vous pouvez pratiquement exprimer de la reconnaissance au cours de la semaine prochaine. Référez-vous également à 1 Thessaloniciens 5:18.

10

Vous pouvez obtenir de votre mari du réconfort et de la compréhension, plutôt que des sermons et des critiques

«Enfin, ayez tous la même pensée et les mêmes sentiments. Soyez remplis d'amour fraternel, de compasssion, d'humilité. Ne rendez pas mal pour mal, ni insulte pour insulte; au contraire bénissez.» (1 Pierre 3:8-9)

C'était la fin de l'hiver, et Laurence avait l'impression d'avoir été bloquée dans la maison pendant des semaines. Elle venait de recevoir une invitation à un déjeuner de femmes, aussi sauta-t-elle sur l'occasion pour sortir de chez elle. Elle se mit au volant de sa voiture, tourna la clé de contact, mais, à son grand dépit, la batterie était à plat. Réalisant que ses projets tombaient à l'eau, elle fourragea dans son sac à main à la recherche des clés de la maison. Soudain, elle se souvint qu'elle les avait laissées à l'intérieur de la maison. C'était vraiment «un de ces jours...» Elle ne pouvait pas aller à ce déjeuner, elle ne pouvait pas non plus rentrer chez elle, ses voisins n'étaient pas là et il n'y avait pas de cabine téléphonique à proximité. Sa seule solution était, par un temps peu clément, de se rendre à une cabine téléphonique. Sur le chemin un élève du lycée la reconnut et lui offrit de la conduire. Elle décida alors d'aller au bureau de son mari: elle était découragée et déprimée, elle avait besoin qu'il la réconforte.

Le mari fut irrité. Il ne pouvait pas comprendre qu'elle ne puisse plus rentrer chez elle. Et, pour couronner le tout, elle avait l'aplomb de venir le déranger à son bureau pendant les heures de travail. Pour que cela ne se reproduise plus, il laissa fuser des mots désagréables. Naturellement, ceux-ci n'eurent d'autre effet que de multiplier les sentiments de frustration et les blessures chez Laurence.

Pourquoi les hommes trouvent-ils plus facile de faire des sermons à leurs femmes, plutôt que de les réconforter? Si vous pouviez voir ce qui se passe dans la tête d'un homme, vous verriez que lorsqu'il est confus ou blessé, il cherche une explication logique à ses sentiments. Une fois qu'il a pu analyser clairement la situation, il se sent en général soulagé. Il est tout simplement «logique», alors il réagit à votre problème de la même façon. En substance, il pense qu'il peut vous aider en parlant.

Si la relation avec votre mari doit devenir solide il est d'importance capitale qu'il apprenne quand et comment vous réconforter. Vous ne devriez pas vous sentir coupable d'avoir besoin d'une personne sur qui vous pouvez vous appuyer. Ce n'est pas un signe de faiblesse, comme certains pourraient le croire. Cela fait partie de notre nature humaine. Nous avons tous besoin de soutien à certains moments.

Je crois qu'il y a au moins trois choses que vous pouvez entreprendre pour augmenter sa conscience de votre besoin d'un tendre réconfort.

Montrez-vous heureuse des tentatives qu'il fait pour vous réconforter

Le premier pas pour motiver votre mari à vous réconforter est de lui manifester votre reconnaissance chaque fois qu'il essaie de vous rassurer. Cela s'appelle *le renforcement positif*. Vous lui montrez combien vous appréciez sa compréhension. Je ne vous dis pas que vous deviez bondir de joie chaque fois qu'il vous encourage. Cependant, essayez à chaque fois de faire quelque chose de spécial pour lui en échange, que ce soit le lendemain ou même une semaine plus tard: cela peut être un bon repas, une soirée romantique ou un billet doux inattendu dans la poche de son veston, son porte-feuille, etc. S'il y a quelque chose que vous aimez particulièrement dans sa façon de vous rassurer, faites-le lui remarquer. Quoi que vous fassiez pour montrer votre reconnaissance, assurez-vous qu'il voie le lien entre votre gratitude et le geste qu'il a fait pour vous venir en aide. Par ailleurs, il a autant besoin d'apprendre à vous consoler que d'apprendre à y être sensible. C'est nécessaire pour son bien-être et sa joie personnelle (Jean 15:11; Col. 3:12-15).

Il est extrêmement important que vous ne ridiculisiez jamais ni ne diminuiez les essais de votre époux pour vous redonner courage. Même quand ils sont inadéquats, plutôt que d'attirer son attention sur ses échecs, louez-le pour tout ce qui est positif dans sa façon d'agir. La tentative en elle-même est un pas dans la bonne direction! N'essayez jamais d'obtenir son réconfort en le critiquant de ne pas vous réconforter.

Imaginez pendant un moment que votre enfant vient d'être hospitalisé. Vous avez besoin d'une personne sur laquelle vous reposer émotionnellement. L'anxiété que vous ressentez est à la limite du supportable, mais votre mari reste là à ne rien faire. Vous pensez: «*Pourquoi ne me serres-tu pas contre toi et ne me rassures-tu pas?*» Aussi vous exclamez-vous: «Ne reste pas planté là. Prends-moi dans tes bras». Ainsi vous avez attiré son attention sur son incapacité, mélangeant votre anxiété et le souci qu'il se fait pour votre fils. Sa réaction naturelle sera de se bloquer encore davantage.

Les gens réagissent toujours plus favorablement à des encouragements qu'à la critique ou au ridicule. Dans la construction de votre relation, il est de la plus haute importance que vous le louiez pour ses efforts pour vous réconforter. Mais il s'agit seulement de la première étape vers la motivation à vous offrir un soutien émotionnel.

Apprenez à votre mari comment vous soutenir moralement en étant un modèle pour lui

Cette seconde étape nous renvoie au principe dont nous avons parlé au chapitre précédent: vous récoltez ce que vous semez. Un des moyens les plus efficaces pour enseigner à votre mari à vous réconforter est de découvrir comment il aime être traité quand il est découragé. Enseignez par l'exemple. Quand vous sentez qu'il a peur ou qu'il est incertain, demandez-lui de vous dire comment il se sent. Dites-lui que vous comprenez. S'il réagit en vous disant: «Ne me traite pas comme un enfant», essayez alors une autre approche. Peut-être se sent-il peu viril ou enfantin dans vos bras consolateurs. Dans ce cas vous pouvez compatir par des mots et l'expression de votre visage. Il ne vous résistera pas si vous apprenez à le réconforter de la façon dont il en a besoin.

Pour certains hommes, le soutien psychologique signifie qu'il doit prendre votre parti dans un conflit. Par exemple, quand Jean était à l'université sa fiancée rompit leurs fiançailles et décida de se marier avec un de ses meilleurs amis. La seule consolation de Jean fut la compassion profonde que lui témoigna son compagnon de chambre, Thierry, en disant: «Jean, je ne sais pas ce qui ne va pas, mais je sais que tu souffres. Si tu veux en parler ou s'il y a quoi que ce soit que je puisse faire, dis-le moi. Si tu ne veux pas en parler et si tu désires que je te laisse seul, j'attendrai dans le salon jusqu'à ce que tu te sentes un peu mieux».

Jean, touché par le souci de son compagnon de chambre, lui dit que son ex-fiancée se mariait avec un de ses amis. «J'ai simplement besoin d'être seul un moment», dit-il.

Quand Thierry passa dans l'autre pièce, Jean l'entendit dire à sa petite amie: «Ta meilleure amie Suzanne vient de rompre et s'est fiancée avec un autre type. Tu trouves ça bien, toi?!» C'était le type de réconfort dont Jean avait besoin. Son compagnon de chambre comprenait parfaitement ce qu'il ressentait!

Essayez de trouver les moyens les plus efficaces pour réconforter votre mari dans chaque situation.

Dites-lui gentiment comment vous désirez être réconfortée

La troisième étape est de lui apprendre comment vous, en tant que femme, avez besoin d'être réconfortée. Il est important de vous souvenir que son inclination naturelle peut être de résoudre vos problèmes «logiquement», afin qu'ils ne surgissent pas à nouveau. Ce sujet est traité en grande partie dans le livre «Si seulement il savait», mais il y a des chances pour que vous restiez son professeur principal. Après tout, vous êtes celle qu'il apprend à réconforter.

Rappelez-vous l'anecdote évoquée précédemment: la femme qui avait subi un sermon à chaque fois qu'elle avait besoin d'être réconfortée. Elle devait rappeler à son mari quatre ou cinq fois de suite: «N'essaie pas de m'expliquer pourquoi c'est arrivé. Serre-moi simplement contre toi». Il finit par comprendre. Si elle n'avait pas persévéré, il n'aurait jamais appris à la réconforter. (Un point encourageant: ils avaient été mariés pendant neuf ans avant qu'elle n'essaie de lui apprendre comment la remonter, mais cela ne lui prit que quelques semaines pour apprendre.)

Une femme qui avait quitté son mari me disait: «Je ne peux pas supporter l'idée de me retrouver dans la même situation. Il me blesse de tant de façons et il ne me réconforte pas quand j'en ai besoin. C'est impossible que je revienne.» Je lui demandai si elle aimerait apprendre à son mari à la rassurer. Elle me regarda d'un air amusé et me demanda: «Qu'entendez-vous par lui apprendre?

– Quand vous êtes dans une situation de stress ou quand vous êtes découragée, comment voulez-vous qu'il vous traite?
– J'aimerais qu'il m'entoure de ses deux bras et qu'il me serre tendrement contre lui. Ensuite, je voudrais qu'il me dise qu'il a compris ou au moins qu'il a essayé de comprendre.
– Eh bien, pourquoi ne le lui apprenez-vous pas?
– Vous plaisantez! Il penserait que je suis folle. Et, de plus, pourquoi devrais-je lui apprendre? Il devrait le faire de

lui-même. Je me sentirais stupide de devoir lui dire de telles choses.»

Je changeai un peu mon approche. «Ne vous a-t-il jamais dit: ›Chérie, je ne sais pas ce que tu veux que je fasse quand tu es découragée. Dois-je pleurer, t'embrasser ou...?‹»

Ses yeux s'éclairèrent et elle dit: «Oui, c'est étonnant le nombre de fois où il m'a dit qu'il ne savait pas quoi faire, comment réagir ou quoi dire. Je me souviens même qu'il m'a dit: ›Dis-moi simplement ce que tu veux que je fasse.‹ Mais je pensais qu'il se moquait de moi et j'étais blessée parce qu'il ne savait pas comment réagir par lui-même. Je pensais que si je devais lui dire ce qu'il devait faire, cela n'aurait plus de sens. Voulez-vous dire que certains hommes ont vraiment besoin d'être enseignés dans les petites choses, comme la façon de prendre une femme tendrement dans leurs bras?»

Ma réponse était un «oui» évident. Beaucoup d'hommes évitent les mots doux et le tendre réconfort parce qu'ils n'ont jamais appris à se comporter ainsi. De même, ils ne voient pas les effets positifs qu'ils auront sur leurs épouses et le sentiment de bien-être qu'ils en retireront pour eux-mêmes. J'ai découvert que lorsqu'un homme a appris pourquoi et comment réconforter, il arrive à apprécier réellement le rôle de ce réconfort dans sa relation conjugale.

Durant de longues années ma femme ne put jamais s'attendre à recevoir de réconfort de ma part quand elle faisait une erreur. En général, je la ridiculisais ou j'étais mal à l'aise. Mais, finalement, elle me fit part de son besoin de sympathie, de compassion et de compréhension. Au moment où je commençais à y arriver, mon savoir nouvellement acquis passa par un test décisif. Je revins à la maison un samedi pour trouver notre camping-car garé dans l'allée – ce qui n'était pas inhabituel en soi. Malheureusement une partie du toit du garage gisait également dans l'allée. Comme la plupart des hommes, la première pensée qui me traversa l'esprit fut l'argent. Combien cela allait-il me coûter de réparer tout cela? J'avais envie de rentrer dans la maison et de crier après ma femme pour sa maladresse.

Comme ces pensées se bousculaient dans mon esprit, je me souvins des nombreuses fois où elle m'avait dit comment elle avait besoin d'être traitée dans les situations bouleversantes. J'allai vers elle, la pris dans mes bras avec un sourire et dis d'une voix étranglée: «Je parie que tu te sens vraiment mal. Rentrons et parlons de ce qui s'est passé. Je ne veux pas que tu te sentes mal à cause de moi.»

Je la tins contre moi, sans rien dire. Elle me dit qu'elle avait vraiment redouté ma réaction tout autant que l'accident. «Ça va, chérie, dis-je. Nous allons arranger cela. Ne t'inquiètes pas». Plus je la tenais longtemps, et plus je *la* réconfortais, mieux nous nous sentions.

Quand nous sortîmes pour voir les dégâts, je réalisai que ce n'était pas aussi grave que cela en avait l'air à première vue. La partie qui était tombée était découpée nettement comme les morceaux d'un puzzle. Nous n'avions besoin que de quelques clous et d'un peu de peinture. Un ami qui avait entendu parler de l'accident vint m'aider à réparer les dégâts et en quelques heures tout fut à nouveau en état.

Quand tout fut fini, je pensai en moi-même, *il y a quelques heures j'aurais pu blesser ma femme, mettre des tensions dans notre relation et la faire se sentir idiote... juste pour quelques heures de travail.*

Je pensais que Norma serait seule à bénéficier de mon attitude de compréhension, mais je vis à la longue que j'étais moi aussi gagnant: l'admiration accrue et le respect que je reçus d'elle me donnèrent une plus grande envie de la réconforter. Si vous faites savoir à votre mari que vous l'admirez profondément pour le réconfort qu'il vous procure, lui aussi aura un désir accru de vous réconforter.

Réflexion personnelle

Pensez au moins à trois situations, dans le futur, qui vous donneraient envie d'être réconfortée. Parlez-en avec votre mari, et expliquez-lui exactement ce dont vous auriez besoin si chacune de ces trois situations se présentait.

11

Aidez votre mari à accepter vos critiques constructives sans qu'il soit sur la défensive

«Le cœur de son mari a confiance en elle, et les produits ne lui feront pas défaut.» (Proverbes 31:11)

«Tu fais plus attention à ce stupide chien qu'à moi, reprocha Sandrine avec véhémence à son mari. Comment est-il possible qu'un homme adulte aime plus son chien que sa propre femme?» Le ressentiment la rongeait depuis des années, en fait, depuis que Bertrand avait pris l'habitude de jouer avec leur chien en rentrant sans même s'inquiéter de lui dire bonjour. Finalement, la colère et la douleur lui firent perdre le contrôle d'elle-même. Bertrand réagit avec plus de colère encore Et une nouvelle querelle s'engagea.

Dans ce chapitre, nous verrons comment Sandrine aurait pu régler la situation et obtenir le résultat désiré. Etudiez les idées suivantes pou savoir comment inciter votre mari à *accepter vos critiques,* sans que cela engendre des discussions fâcheuses ou une réaction de défense. Ensuite, essayez-les. Je pense que vous aurez une bonne surprise.

Utilisez l'approche «sandwich»

Mettez toujours une part de critique entre deux tranches de louange. Par exemple, si votre mari se plaint de ce que vous dépensez trop pour les vêtements des enfants, utilisez l'approche «sandwich»: tout d'abord, la première tranche de pain: «Chéri, je sais que tu travailles dur pour pourvoir à l'achat d'aussi jolis vêtements pour nous. Je sais que tu nous aimes vraiment.» Ensuite, la tranche de jambon (votre critique):

«Mais parfois j'ai l'impression que tu penses que je dépense l'argent n'importe comment, en achetant aux enfants plus de vêtements que nécessaire. Je veux que tu comprennes que j'essaie réellement de faire attention aux dépenses, et que j'achète seulement ce qui est indispensable.» Et maintenant l'autre tranche de pain: «Mais surtout, je voudrais que tu saches combien nous apprécions le fait que tu travailles dur pour que tout cela soit possible. Les enfants et moi parlons souvent du père et du mari fantastique que tu es...»

Habituellement, l'apôtre Paul commence ses lettres par des louanges avant d'en venir aux reproches qu'il place en «sandwich». Voyez comment il introduit l'Epître aux Philippiens: «Je rends grâce à mon Dieu toutes les fois que je me souviens de vous» (1:3). Même les personnes qui sont sur la défensive sont plus réceptives aux remontrances quand elles sont *introduites par des mots gentils*.

Bien que cela fasse partie de son travail, un jeune policier avait horreur d'arrêter les gens pour excès de vitesse, à cause de l'hostilité qu'il rencontrait. Son travail le rendait malheureux jusqu'à ce qu'un policier plus expérimenté lui confie son secret.

Tout d'abord, il s'approchait en souriant de celui ou de celle qui avait enfreint le code de la route, puis le saluait d'un amical «bonjour». Enfin, il demandait: «Comment cela se passe-t-il pour vous aujourd'hui?», avec un réel intérêt. Habituellement l'automobiliste expliquait qu'il avait eu une mauvaise journée. Mais en racontant ses problèmes au policier intéressé, il se détendait. C'est alors seulement que le policier lui demandait son permis de conduire et établissait la contravention en lui disant: «J'espère que la journée va aller en s'arrangeant pour vous maintenant».

Le jeune policier essaya cette «technique» et constata qu'elle échouait rarement. Elle peut aussi marcher pour vous et votre mari. Abordez ce dernier avec un sourire et des mots amicaux, puis essayez de voir ce qui le trouble. Une fois que vous aurez découvert ce qui ne va pas, vous comprendrez beaucoup mieux sa conduite irritante et serez plus à même d'être constructive dans vos critiques. Souvenez-vous qu'un mot tendre détourne la colère (Proverbes 15:1). Plus nous sommes gentils et attentionnés, mieux les autres acceptent nos critiques.

Une précaution dans «l'approche sandwich»: vous devriez aussi louer votre mari de temps en temps sans intention cachée. Autrement, il pourrait se lasser des «sandwichs».

Essayez l'approche «puzzle»

Vous ne pouvez construire un puzzle si vous n'avez pas toutes les pièces, et vous ne pouvez résoudre un problème si vous ne connaissez pas tous les faits. (Le mot espagnol pour puzzle est *rompecabezas*, ce qui signifie littéralement «casse-tête». Et c'est juste ce que votre mari a envie de faire, quand vous ne lui donnez pas toutes les pièces.)

Plus je rassemble de faits concernant un désaccord entre Norma et moi, plus il m'est facile de trouver une solution claire à notre problème. Le premier fait que j'obtiens au sujet de ses sentiments ou de ses croyances représente seulement une partie de l'image finale et ne me donne qu'une mince idée de ce que sera le puzzle. Aussi je rajoute des morceaux en posant d'autres questions et l'image commence à prendre forme. Parfois, j'essaie de forcer des pièces qui ne vont pas ensemble mais elle me le fait alors savoir ou j'essaie de deviner à quoi ressemblera le puzzle terminé. Cependant, c'est seulement quand les pièces sont toutes placées correctement que je le sais de façon sûre. Souvent, l'image finale (la solution) est si simple que je me demande comment je ne l'ai pas vue immédiatement.

Votre mari ne peut pas trouver la solution quand vous ne lui donnez que des fragments d'information et que vous vous arrêtez là. Il ne peut pas non plus s'y retrouver quand vous lui en fournissez cinq cents en même temps. Faites-vous une règle de ne donner qu'une information à la fois jusqu'à ce qu'il ait tous les éléments et laissez-le tirer ses propres conclusions. Si vous ne vous fixez pas sur les conséquences de ses actes en le critiquant, vous serez surprise de voir qu'il accepte plus aisément vos remarques. Cela peut lui demander une semaine, un mois, six mois ou plus: le temps qu'il faudra dépend du problème particulier, de votre attitude quand vous lui donnez les éléments – et de la solidité de votre relation. Par ailleurs, l'approche «puzzle» est aussi utile quand vous prenez des décisions personnelles ou quand vous aidez vos enfants à savoir prendre des décisions fermes. Tout problème compliqué devient clair quand vous prenez le temps de rassembler tous les éléments.

Remplacez le «tu» par «J'ai l'impression que...»

Plutôt que d'exprimer vos sentiments, les affirmations du genre «c'est toi qui...» impliquent jugement et critique; elles mettent la faute sur votre mari. Essayez de remplacer «tu...» qui signifie «c'est ta faute» par «j'ai l'impression que...»

Repensez au début du chapitre quand Sandrine fit à Bertrand le reproche suivant: «*Tu* fais plus attention à ce chien stupide qu'à moi...» Cette façon de l'accuser mit son mari en colère et sur la défensive au point qu'ils ne purent pas même discuter du problème. Si elle avait commencé par «J'ai l'impression que...», les résultats auraient été de beaucoup différents.

– Chéri, je sais que ce n'est pas intentionnel, mais j'ai l'impression que notre chien Bobby a beaucoup plus d'importance pour toi que moi. Je sais combien cela doit te sembler ridicule, mais je voulais simplement te dire comment je ressens les choses.
– Pourquoi ressens-tu les choses ainsi?
– Eh bien, parce que quand tu rentres à la maison après ton travail, j'ai l'impression que tu passes plus de temps avec Bobby qu'avec moi. Cela peut te paraître insignifiant, mais si tu veux que notre relation grandisse et devienne tout ce que nous voulons qu'elle soit, il est important que je te dise mes sentiments.

Si la conversation avait continué, elle aurait pu gentiment proposer une solution valable, mais seulement à sa demande. Vous vous demandez peut-être: «Pourquoi mon mari ne peut-il trouver lui-même la solution?» Malheureusement, certains maris ne se préoccuperaient pas du problème s'ils ne s'y heurtaient pas. Dans la plupart des cas, votre mari a besoin d'un gentil coup de coude pour se rendre compte d'un problème et y remédier

Sachez maîtriser le «principe du sel»

Imaginez que votre mari soit complètement absorbé par un match de football entre les deux meilleures équipes du pays. Vous faites alors un commentaire qui suffit à détourner son attention du jeu et à la centrer totalement sur vous. Impossible dites-vous? Continuez à lire.

Le «principe du sel» stimule l'attention de votre mari sur des sujets qu'autrement il trouverait inintéressants. Le secret est dans la manière de présenter les choses. Si vous maîtrisez le principe du sel, il ira presque jusqu'à vous demander ce que vous avez à lui dire, qu'il s'agisse de compliments ou de reproches. Mais vous devez retarder vos reproches jusqu'à ce que vous ayez suscité un intérêt assez grand pour qu'il brûle d'entendre ce que vous avez à lui dire. Le tableau ci-dessous illustre une façon adroite d'utiliser le principe du sel dans la critique constructive.

Domaines dans lesquels vous voudriez qu'il change	*Façons de lui communiquer votre pensée en posant des questions*
Il est trop critique	«Chéri, qu'est-ce qui t'énerve le plus chez tes chefs?» S'il parle d'esprit critique, de personnages ronchons, etc., demandez-lui comment il se sent face à ses attitudes. Il répondra probablement: «Cela a enlevé toute vie à mon travail». Là vous avez l'occasion de lui exprimer vos sentiments.

Il est trop dur

«Chéri, je ressens quelque chose de ce genre quand tu me critiques. Cela gâche nos relations sexuelles et il m'est difficile d'avoir du plaisir à faire l'amour avec toi.»
– Chéri, crois-tu qu'il est possible que notre relation progresse année après année?
– Oui, bien sûr que je le crois.
– Eh bien, tu sais, si nous pouvons arriver à changer un certain point cette année, je suis sûre que notre relation sera beaucoup plus épanouie. Est-ce que tu aimerais savoir quoi!
S'il dit oui, vous pouvez répondre: «Quand tu es dur avec moi à propos de quelque chose que j'ai fait de travers, j'ai vraiment envie de fuir loin de toi, spécialement quand j'ai déjà conscience de mes erreurs. J'apprécierais vraiment énormément que tu me réconfortes d'abord, que tu m'enlaces tendrement et que tu me demandes comment je me sens.» S'il dit que cela ne l'intéresse pas d'entendre ce que vous avez à dire, remettez cela à plus tard et ajoutez du sel pour créer une curiosité et un intérêt plus grands.

Il vous ignore

«Chéri, pouvons-nous parler de la façon dont je peux surmonter les sentiments désagréables que j'éprouve à des soirées?» S'il répond oui, vous pourriez dire: «Parfois, je me sens seule, plantée dans mon coin, pendant que tu t'amuses avec d'autres personnes.

Je sais que tu as besoin de ces moments avec tes amis, mais je me sens laissée de côté. Que penses-tu que nous devrions faire?» Vous pourriez proposer une alternative originale. Peut-être, pendant ces réceptions, pourriez-vous prévoir de rester avec votre mari à certains moments, tandis que pendant d'autres vous pourriez être avec vos amis. Vous pourriez également équilibrer le temps que vous passez ensemble lors de ces soirées. Une autre solution pourrait être de vous mettre d'accord sur un signal que vous pourriez utiliser pendant ces réunions pour montrer à votre mari que vous auriez aimé être davantage avec lui. Le signal pourrait être un mouvement vers le groupe de personnes avec lequel il parle ou un coup d'œil à travers la pièce. Tant que votre mari est d'accord avec cette solution, vous n'avez pas à craindre d'être traitée de «pot de colle». Le fait d'en avoir parlé avant la soirée vous permettra de vous sentir plus à l'aise et en sécurité pendant tout le temps où vous y serez.

Montrez l'exemple en acceptant ses critiques constructives

Une attitude de compréhension et d'acceptation de ses critiques est non seulement une sage décision, mais augmentera votre amour pour lui. C'est ce que dit Proverbes 9:8. Quand votre mari vous prend en faute, ne vous entêtez pas en répliquant. Montrez-lui ce que signifie accepter la critique sans être sur la défensive. Admettez qu'il y a une part de vérité dans ce qu'il dit. Quand vous êtes seule, réexaminez ses observations et acceptez les points valables. Ensuite appliquez-vous à transformer ce qui ne va pas. Rien n'amène davantage un mari à devenir «le mari parfait» que la souplesse de sa femme.

Si vous voulez vraiment qu'il accepte vos reproches de bonne grâce, encouragez-le à formuler des critiques constructives. Si vous sentez que quelque chose le pertube, demandez-lui de vous en parler. Encouragez-le à dire ce qui l'irrite dans votre attitude. Quand vous le voyez dresser des barrières entre vous, n'attendez pas qu'il vous donne des explications, soumettez-vous volontairement à ses critiques. «Les sages hériteront la gloire, mais les insensés ont la honte en partage» (Proverbes 3:35). Nous récoltons ce que nous semons.

Maintenez une communication permanente avec votre mari

Faites tomber les barrières que vos offenses peuvent avoir érigées en recherchant sincèrement le pardon de votre époux. Ne lui laissez aucun moyen d'éviter la communication en laissant des choses confuses entre vous. Il est crucial que vous demandiez pardon pour chaque blessure que vous lui avez faite si vous voulez que votre mari accepte vos critiques à l'avenir. Quand votre mari réagit en essayant de vous exclure de sa vie, faites preuve de sensibilité pour détecter des problèmes sous-jacents. Assurez-vous que vos remontrances ne rencontrent pas de barrières cachées.

Expliquez pourquoi il est nécessaire que vous lui disiez ce qui ne va pas

Je suis souvent étonné de la clairvoyance, de l'intuition, de la sensibilité de ma femme. Elle prévoit les conséquences de mes décisions avant que je ne les prenne. Comme la plupart des femmes, elle perçoit les effets subtils que mes décisions auront sur notre foyer et nos enfants. Je considère qu'il est de sa *responsabilité* de me faire part de ses observations. Elles sont précieuses. En faisant connaître à votre époux vos intuitions (typiquement féminines) vous lui donnez un outil inestimable pour guider votre famille dans la bonne direction. Il se peut que vous n'ayez pas toutes les réponses, et que vous n'ayez pas toujours raison, mais votre intuition est une qualité inestimable pour votre mari. Expliquez-lui avec tact que vous aimeriez l'aider à prendre les meilleures décisions possibles. Dites-lui que vous voyez parfois les problèmes sous un angle différent qui pourrait lui être utile. Si vous expliquez vos intuitions de cette façon-là, il ne se sentira pas menacé par une attitude pédante.

Réflexion personnelle

Lisez plusieurs chapitres des Proverbes. Notez le nombre de fois où les Ecritures nous encouragent à recevoir la critique des autres et quand nous devrions la rechercher (par exemple dans les chapitres 1, 12 et 13).

12

Gagnez l'estime et la reconnaissance de votre mari

«Ses fils se lèvent et la disent heureuse, son mari se lève, et lui donne des louanges.» (Proverbes 31:28)

«Chéri, juste un petit mot pour te dire que je t'aime et que tu me manques. Reviens-moi vite!» Jean sourit en lui-même en pliant le mot et le remit dans son portefeuille. Pendant les dix années de mariage, il avait dû voyager souvent. Il arrivait, en général, à l'hôtel découragé et solitaire. Mais, au cours des années, sa femme avait rendu ces moments de séparation beaucoup plus agréables en glissant des cartes, des lettres et même des sucreries dans sa valise.

«Cela me réchauffe le cœur chaque fois que je trouve une surprise, dit-il, parce qu'elle me rappelle son amour pour moi. Je me sens réellement mieux, bien qu'elle continue à me manquer.» Jean conserva un de ses petits mots dans son portefeuille pendant son dernier voyage d'affaires. Chaque fois qu'il n'avait pas le moral, il le prenait et le relisait: Il était un rappel constant de son amour et de son appréciation envers lui.

La femme de Jean obtenait sa louange et ses compliments en lui montrant ouvertement combien elle l'appréciait. J'ai découvert que tout le monde a soif d'être loué et apprécié. Jamais pendant toutes les années de ma vie de conseiller, je n'ai entendu une femme se plaindre de recevoir trop de louanges de la part de son mari.

En revanche, j'ai souvent entendu le contraire. «Mon mari ne cesse pas de me critiquer. Si seulement il pouvait apprécier ce que je fais.» Bien que beaucoup d'épouses pensent qu'il n'y a pas d'espoir, je sais qu'un mari peut apprendre à louer sa femme. J'ai trouvé deux moyens par lesquels une femme peut faire grandir l'admiration de son mari pour elle et en même temps lui permettre de l'exprimer ouvertement.

Montrez votre approbation à l'égard de votre mari

Comme vous l'avez lu précédemment, les hommes ont soif de l'appréciation des autres. C'est avec joie et reconnaissance qu'ils recevront des marques d'estime de la part de leurs employeurs, de leurs employés, de leurs amis et de toute personne prête à les complimenter. Chez l'homme, ce besoin est aussi fort que votre besoin de sécurité en matière de finances et de relations familiales. Quand un homme sait que sa femme l'approuve, il se réjouit de sa compagnie. Il la complimentera spontanément en réponse à l'approbation qu'elle lui témoigne.

Au lieu de réclamer l'approbation de votre mari ou de verser des larmes quand il ne vous fait pas de compliments, essayez les approches suggérées ci-dessous.

L'approche directe

Un moyen de montrer de l'approbation est l'approche «directe», c.-à-d. exprimer votre estime pour votre époux verbalement, à travers des lettres, des cartes ou de petits mots. Je regarde en ce moment deux cartes que ma femme m'a envoyées le mois dernier. Autrefois, je les aurais lues en pensant: «Comme c'est gentil!», puis je les aurais jetées dans la poubelle la plus proche. Mais plus je reçois de lettres et de cartes de Norma, plus j'ai envie de lui rendre «sa louange écrite». Maintenant, quand je reçois un mot d'elle, je le garde généralement pour pouvoir le relire. Quand elle m'envoie des cartes citant des qualités spécifiques qu'elle apprécie en moi, cela m'inspire pour penser à ses qualités dignes de louange et à lui rendre la pareille.

Bien qu'il soit vrai que tout homme a besoin de louanges, ils n'aiment pas tous le même genre d'appréciation. Evitez les formes que votre mari pourrait trouver exagérées ou trop sentimentales. Vous pouvez discerner ce qui encouragera ou embarrassera votre mari en essayant plusieurs moyens jusqu'à ce que quelques-uns lui conviennent vraiment.

Je pense à cette étudiante qui invita un groupe pour chanter une chanson d'amour à son fiancé à l'occasion de la Saint-Valentin. Elle s'attendait à ce qu'il réagisse de façon spectaculaire à la surprise qu'elle avait imaginée, mais il ne l'évoqua jamais.

– Jacques, comment as-tu aimé la chanson pour la Saint-Valentin? demanda-t-elle finalement.
– Oui, oui! dit-il. Je l'ai écouté, mais je ne comprends pas pourquoi tu as fait cela. Cela m'a mis mal à l'aise.

Cette réponse la laissa blessée et troublée. Elle se demandait honnêtement s'il se souciait d'elle. Cet exemple illustre un fait dont j'espère chaque femme se souviendra longtemps après avoir lu ce livre: les hommes pensent autrement que les femmes.

L'exercice ci-dessous vous aidera à apprendre comment témoigner votre approbation à votre époux. Dans la colonne de gauche, notez dix points que vous admirez en lui. Vous pouvez désirer lui exprimer verbalement ou à l'aide de petits mots votre admiration. L'important est que ce soit votre façon de dire: «Chéri, j'approuve réellement ce que tu as fait et ce que tu es». Souvenez-vous que l'on peut valoriser quelqu'un même s'il nous irrite.

Ce que vous appréciez chez votre mari.	*Façons directes et originales de montrer votre approbation.*
1. _____	_____
2. _____	_____
3. _____	_____
4. _____	_____
5. _____	_____

6. _____ _____

7. _____ _____

8. _____ _____

9. _____ _____

10. _____ _____

L'approche indirecte est une autre façon de montrer que vous appréciez votre mari. Maris et femmes utilisaient cette approche bien avant que les livres sur la relation conjugale ne submergent le marché.

La mère de Norma s'en servait il y a bien des années. En se faisant belle pour accueillir son mari à cinq heures, elle lui montrait son approbation «indirecte». Chaque jour, elle se préparait pour le moment où il rentrait à la maison. Norma dit qu'elle ne peut pas se souvenir d'une seule fois où sa mère avait accueilli son père avec des problèmes ou des plaintes. A la place, elle le laissait se détendre et se sentir important par le temps supplémentaire et l'effort qu'elle consacrait à rendre cette partie de sa journée heureuse.

La mère de Norma était un bon professeur. Je n'ai jamais trouvé en rentrant à la maison une femme comme celle qu'on voit dans les bandes dessinées: habillée d'un vieux chandail déchiré et sans forme et des bigoudis sur la tête. Norma est toujours bien mise et sent bon.

Je pourrais vous citer des milliers de moyens indirects pour montrer à votre mari que vous l'appréciez. Norma en connaît de nombreux. En voici quelques-uns à titre d'exemple: elle fait bon accueil à mes suggestions concernant sa garde-robe; me présente à ses amies sur un ton qui reflète son admiration pour moi et dit à nos enfants combien elle m'apprécie.

Je me souviens d'un jour où je suis rentré à la maison après le travail, les jambes lourdes, trop fatigué pour protester quand ma fille a grimpé sur mes genoux avec des mains poisseuses: «Papa, maman dit que tu travailles vraiment dur pour prendre soin de nous». Une sensation de chaleur m'a envahi et, soudain, je ne me suis plus senti aussi fatigué. (Il y a des chances pour que vos enfants répètent à votre mari ce que vous dites «derrière son dos». J'espère pour lui que c'est gentil.)

Dites du bien de votre mari à ses amis et à leurs épouses. Pensez simplement aux choses positives que vous répandrez à son sujet: quelle différence par rapport aux plaintes habituelles!

A ce stade, faites une liste des moyens indirects que vous pouvez utiliser pour faire savoir à votre mari que vous l'appréciez. Choisissez les deux ou trois meilleurs et mettez-les en pratique pendant la semaine à venir.

Trois moyens d'éloigner votre mari de vous

Les femmes s'aliènent leurs maris *en exprimant inconsciemment de la désapprobation à leur égard.* Voilà comment la désapprobation d'une femme a semé la discorde entre elle et son mari.

Jeanne accueillait toujours Franck sur le pas de la porte avec un conseil mal placé au sujet d'un problème ou d'une décision. Il se mit à redouter ses retours à la maison car il voyait Jeanne comme une lionne prête à l'attaque: «J'ai entendu ce que tu as dit aux Jackson pendant le cocktail de l'entreprise. J'y ai pensé toute la journée».

L'estomac de Franck se nouait en une boule tandis qu'il ébauchait une réponse. Mais la voix stridente de Jeanne dominait sa défense. «Franck, Franck, tu ne m'écoutes jamais. Je veux que tu appelles les Jackson immédiatement et que tu les invites à dîner la semaine prochaine. Tu dois être en bons termes avec eux si tu veux réussir dans la compagnie.»

«Comment peut-elle croire que je suis aussi stupide! Pourquoi ne cesse-t-elle de me pousser à bout?»

Un homme interprète souvent l'autoritarisme de sa femme comme un manque d'appréciation à son égard. *Elle doit penser que je suis un incapable, compte tenu de tous les avis qu'elle me donne.*

Pour prendre la défense de beaucoup de femmes, je reconnais que la nature passive du mari l'oblige souvent à prendre les rênes. Je comprends combien c'est frustrant pour vous. Pourtant, une réaction spontanée ne donne pas toujours le résultat souhaité. Une autre paraphrase d'Ephésiens 5:22 est «Permettez à votre mari de prendre soin de vos besoins tout comme vous permettez au Seigneur de vous aimer.»

Il arrive également que les femmes montrent leur désapprobation envers leurs maris *en discréditant leurs sentiments et leurs désirs.* En critique d'art hautement qualifiée, cette femme décide de se débarrasser d'une mauvaise reproduction de Rembrandt qui appartient à son mari. En couturière avertie, cette autre femme critique le costume qu'il a acheté en solde. Ou, de façon plus réaliste, la jardinière experte ne tient pas compte du désir de son mari de planter un pin devant la maison et opte pour un érable.

Si vous êtes attentive, vous entendrez votre mari exprimer ses désirs à chaque heure du jour. Il se peut qu'il marmonne de derrière son journal à propos du poulet au curry que sa mère avait l'habitude de faire. Si vous ne lui en servez jamais, il se demandera s'il a de la valeur à vos yeux. Le ressentiment surgira en même temps que le doute et, bientôt, il éliminera inconsciemment ce qui vous fait plaisir. «Je sais ce qui te ferait plaisir, mais je ne te le donnerai pas», devient la réaction affligeante de nombreux maris.

Au début, il se peut que vous deviez compter uniquement sur votre volonté pour répondre aux désirs de votre mari. Mais souvenez-vous que les sentiments suivent généralement les actes faits avec amour. Qui sait, peut-être apprendrez-vous même à préparer – et à aimer – le poulet au curry de sa mère. Pour prouver vos bonnes intentions, notez-vous au moins dix points importants pour votre mari. Programmez-en un ou deux par semaine. La meilleure façon d'avoir une liste complète est de lui demander: «Chéri, j'aimerais voir avec toi quelles sont les choses capitales pour toi.»

Vous pourrez ainsi établir une liste

La troisième façon la plus courante par laquelle les femmes montrent leur désapprobation est de *contredire* leur mari. Avez-vous jamais sympathisé avec le mari dont la femme se permet de le reprendre dès qu'il ouvre la bouche: «Non, ce n'est pas comme ceci, mais comme cela...» Contredire sans cesse votre mari ne l'invite pas précisément à rechercher votre compagnie. Personne n'a envie de vivre avec une «madame-je-sais-tout».

Quand François et Marie vinrent solliciter mes conseils, Marie était de loin la plus «motivée» des deux. Elle ne se contentait pas de répondre aux questions qui lui étaient posées, mais elle répondait aussi à celles qui s'adressaient à son mari.

«Alors, François, demandai-je, comment voyez-vous la situation?»

Avant que François pût émettre un son, Marie l'interrompit en disant: «Il va vous dire quelque chose à mon sujet, mais ce n'est pas vrai; il exagère toujours».

Je m'irrite rarement lors des entretiens, mais cette fois-ci je commençai à bouillir intérieurement.

Je demandai: «François, quel est le problème à votre avis?» Et Marie de répondre: «Je pense qu'il ne passe pas assez de temps avec moi».

Inévitablement, Marie répondait aux questions adressées à François. Même quand il parlait pour lui-même, Marie le contredisait, ce qui le rendait honteux. Je fus perplexe et je me demandai: *Cette femme était-elle sourde? Les avais-je mal compris quand ils s'étaient présentés – Son nom était-il bien François et le sien Marie?»*

Ce genre de problème indique habituellement un mari très passif et peu communicatif. Elle devait répondre à sa place si elle voulait que la communication puisse s'établir entre eux.

Cependant, après un moment il interpréta sa méthode comme une humiliation.

Je suggère qu'avec ce type de personne vous
1) lui adressiez vos questions d'une manière aimante et pleine d'acceptation pour l'en sortir;
2) attendiez qu'il s'exprime lui-même;
3) le louiez pour chaque idée qu'il exprime.

Enumérez les façons par lesquelles vous avez contredit votre mari récemment, et promettez-vous de ne plus recommencer à l'avenir. Chaque fois que vous êtes tentée de le contredire en public, mettez-vous à sa place et imaginez l'embarras qu'il ressent.

Expliquez avec douceur à votre mari que vous avez besoin de son approbation

Julie aimait l'enseignement parce que son directeur ne tarissait pas d'éloges sur ses talents et les méthodes qu'elle employait. Il se passait rarement un jour sans qu'il ait un mot gentil et encourageant à son intention. Il semblait que plus il la complimentait pour son travail, meilleure elle était.

Imaginez l'effet constant que la louange pourrait avoir sur votre attitude en tant que femme. Vous travailleriez plus dur chaque jour pour être l'épouse dont votre mari parle. Vous seriez aussi libre de le louer une fois que vous sauriez que votre travail est apprécié. Ne soyez pas embarrassée de réclamer ses louanges. Il n'y a rien de mal à être encouragée par une louange sincère.

Un jour, Norma entendit l'employée de l'épicerie expliquer combien elle aimait son travail à cause de l'amabilité des clients qui l'amenait à se sentir acceptée et utile. «Et mon chef et les autres employés me disent que je fais un bon travail, eux aussi, dit-elle. Je préfère être dans un lieu où l'on m'apprécie plutôt que chez moi avec le mari que j'ai. Même si je prépare un repas composé de dix plats, il ne le remarque pas. Mais s'il m'arrive d'être une fois en retard dans la préparation du repas, il s'énerve et me le reproche.»

Cette femme avait besoin de reconnaître son besoin d'approbation. Si une femme ne peut pas admettre son besoin de louange, son mariage deviendra sec et superficiel. Son amour et son ouverture tariront et elle commencera à construire des murs pour garder son époux à distance. Une femme ne se sentira jamais l'aide et le complément de son mari tant qu'elle ne l'entendra pas lui dire combien elle l'aide et le complète (Genèse 2:18).

Soyez précise avec votre mari en ce qui concerne *le moment* où vous avez besoin d'entendre ses louanges. Essayez quelque chose comme «Je sais que tu veux que notre mariage soit réussi. Chéri, aimerais-tu savoir ce que tu peux faire pour que je sois une femme heureuse? Cela ne te coûtera rien. Pas d'énergie – juste un peu d'imagination!

– Quoi?

– Tu peux me montrer que tu m'apprécies en me félicitant pour ce que je suis et ce que je fais. Par exemple, j'ai tout particulièrement besoin de tes compliments quand je prépare un repas exprès pour toi ou quand je prépare quelque chose de spécial. J'ai besoin de savoir combien tu l'aimes.»

Peut-être pouvez-vous mieux expliquer votre besoin d'appréciation en le mettant en parallèle avec ses expériences personnelles. Un jour, un mari a demandé à sa femme pourquoi elle ne voulait pas partir en vacances avec lui, elle lui a répondu: «Est-ce que tu prendrais des vacances avec ton patron?» (Il venait de quitter son travail à cause des critiques acerbes de son chef.)

Elle lui expliqua gentiment: «Quand tu me critiques, je ressens la même chose que toi quand ton chef te critique. Je me sens découragée quand tu ignores ce que je fais et que tu soulignes ce que j'ai oublié: ›Le sel n'est pas sur la table‹ ou ›tu n'as pas acheté la bonne sorte de beurre.‹ Bien que nous travaillions tous les deux, je sens que tu t'attends à ce que je prépare le repas pendant que tu regardes la télévision. Je me sens moins que rien.»

David craqua et se mit à pleurer. En l'espace de six mois, il devint une personne totalement différente. Ayant vaincu la tentation de se plaindre, il est maintenant libre de répondre au besoin d'approbation et de louange de sa femme.

Que votre visage s'illumine quand il vous félicite

La dernière façon d'enseigner à votre mari votre besoin de reconnaissance est de vous «éclairer» quand il vous complimente. Récompensez-le par votre enthousiasme et votre joie. Faites que, dans son subconscient, il désire vous louer plus souvent.

En tant qu'êtres humains, nous avons tous besoin d'encouragements et nous y sommes sensibles. Il n'y a rien de honteux à désirer de temps en temps «une tape amicale dans le dos». Aussi, exprimez ce besoin légitime en répondant à la louange de votre mari avec un visage joyeux. Il s'en souviendra, c'est certain, la prochaine fois que vous aurez besoin de son approbation.

Réflexion personnelle

Mémorisez Ephésiens 4:29. Faites la liste des mots que vous pouvez utiliser pour valoriser votre mari. Ensuite, faites la liste de ceux qui blessent de façon à éviter de les employer. «Qu'il ne sorte de votre bouche aucune parole malsaine, mais, s'il y a lieu, quelque bonne parole qui serve à l'édification et qui communique une grâce à ceux qui l'entendent» (Ephésiens 4:29).

13

Motivez votre mari à partager la responsabilité des enfants et du ménage

«Et ceux qui sont mariés s'inquiètent de ce qui peut plaire à leur conjoint.» (paraphrase – 1 Corinthiens 7:33-34)

A quoi pense votre mari quand il franchit le seuil de votre foyer le soir? Que recherche-t-il chaque jour après son travail? Un petit somme dans son fauteuil, le nez sous son journal? Peut-être une bonne heure de bricolage dans son atelier?

Est-il si irréaliste de désirer qu'il ait envie d'être avec *vous* pendant la soirée, pour vous donner un coup de main avec les enfants et dans les tâches ménagères? Non, bien sûr. Ce chapitre vous aidera à motiver votre mari à améliorer sa relation avec vous en *partageant* les responsabilités de la maison et des enfants. En d'autres mots, il l'aidera à penser en termes de faire des choses *avec* vous plutôt que de vous laisser tout le «travail».

James Dobson, un éminent psychologue, dit que son vrai travail commence quand il rentre à la maison le soir – en aidant sa femme avec les enfants et en développant des relations avec eux dans le cadre d'activités enrichissantes. J'aimerais que tous les hommes, votre mari y compris, prennent une part active à une des plus grandes obligations de la vie: la vie de famille.

Voici quatre façons d'augmenter son désir de passer du temps en famille.

Expliquez de façon originale votre besoin d'aide

En général, un homme ne comprend pas que sa femme a besoin de son aide pour s'occuper des enfants et des responsabilités ménagères. Aussi ne voit-il pas toujours comment sa négligence vous donne le sentiment «de faire face seule».

La seule façon dont votre mari puisse arriver à vous comprendre est de le lui expliquer. Beaucoup de femmes, ayant peur du ridicule, ont honte de dire à leur conjoint qu'elles sont physiquement épuisées. Un jour, alors que je faisais une conférence sur ce sujet, je décrivis la fatigue incroyable que les femmes endurent en élevant des enfants en bas-âge. Une femme qui était dans l'auditoire m'avoua ensuite que, tandis que je parlais, elle avait littéralement revécu la souffrance qu'elle avait éprouvée en élevant ses trois enfants sans l'aide de son mari. Elle avait non seulement souffert d'épuisement physique, mais aussi d'angoisse, surtout quand son mari minimisait ses obligations en comparaison des siennes dans «le dur monde du travail».

A cause d'un manque d'information sur ce que représente le travail d'une femme au foyer, beaucoup d'entre elles hésitent à avouer en quoi consistent leurs occupations. Elles ont l'impression d'être des martyrs ou des citoyennes de deuxième classe. Si un mari constate de telles tendances chez sa femme, il commencera lui aussi à la regarder avec dédain. Bientôt son attitude méprisante verbale et non verbale déchirera son être intérieur et endommagera grandement l'image qu'elle a d'elle-même.

Pour le bien de votre époux, vous devez lui montrer une image réelle de ce que vous vivez. Faites-lui connaître vos limites physiques et vos besoins spécifiques. Sans cela, il peut attendre de vous plus que vous ne pouvez donner. Que cette image reflète avec précision ce que vous faites dans la maison et avec les enfants. Dites-lui combien de fois par jour vous changez les couches du bébé, comment vous surveillez les enfants qui jouent dehors, etc. Aidez-le à se faire une idée de la fatigue et des pressions auxquelles vous faites face, en voyant que vous n'arriverez jamais à vous mettre à jour dans les travaux ménagers. Ouvrez-lui les yeux sur l'ennui que vous ressentez en faisant toujours les mêmes gestes, en mettant de l'ordre, encore et encore. Puis expliquez-lui la fatigue mentale que représente le fait de répondre des centaines de fois à: «Maman, est-ce que je peux?» Tandis que mon collaborateur, Steve Scott, traduisait en mots les nombreuses tâches auxquelles les femmes sont confrontées, il me dit qu'il avait éprouvé un chagrin intense pour avoir été aussi aveugle au travail de sa femme pendant les neuf dernières années. «Gary, je ne peux pas la laisser assumer cela toute seule, me dit-il. Elle m'a dit cela si souvent, mais je n'avais jamais réalisé jusqu'à maintenant ce par quoi elle était passée. Quand j'y repense, je l'ai entendue ou vue faire exactement tout ce que tu viens de mentionner».

Ce n'est ni au lycée ni à l'université que j'ai appris la plus grande leçon de ma vie, mais dans mon propre foyer. En une seule leçon j'ai acquis une compréhension profonde de ce que ma femme traverse quotidiennement. Si chaque mari pouvait faire cette expérience en France, toutes les femmes deviendraient des reines. Quelle était cette leçon? Ma femme dut subir une intervention chirurgicale et passa deux semaines à l'hôpital. Pendant ce temps, je pris soin de nos trois enfants. Je préparai les repas, c'est-à-dire quarante-deux en tout, sans compter quatre-vingt-quatre en-cas. Et je tentai de faire les milliers de tâches ménagères pendant mon temps libre. Je réalisai soudain que cela me permettait tout juste de m'occuper des enfants et nettoyer «en gros». Je n'arrivai pas à faire la moitié du travail que ma femme faisait normalement. Un jour elle me demanda si j'avais nettoyé le placard? Nettoyé le placard? Ciel, j'avais entassé les choses dans le placard pour les enlever du passage! Une fois même je faillis perdre un des enfants et le retrouvai installé entre la balle de basket et le linge sale! «Chérie, je n'ai pas eu le temps de nettoyer le placard. Je suis épuisé!» répondis-je. Toutes ces tâches supplémentaires qu'elle faisait entrer de force dans son emploi du temps me firent réaliser à quel point le travail ménager est frustrant et épuisant quand il est fait en solitaire. Je suis sûr que vous réalisez que le mari moyen se lève le dimanche matin, s'habille, attend le petit déjeuner et lance un regard furieux à sa femme parce qu'elle n'est pas prête à temps pour aller à l'église. Pendant ce temps elle a supervisé l'habillage des enfants et tout le reste. Beaucoup d'hommes ne le remarquent même pas.

Peut-être êtes-vous une de ces rares femmes super-organisées qui peuvent tenir leur maison dans un ordre parfait sans aucune aide. Je ne vois pas comment une femme peut faire cela à moins de négliger tout le reste pour devenir la bonne de la famille. Cela vous économiserait bien des maux de dos de vous faire aider par votre famille dans les travaux ménagers. Essayez de mettre en pratique les simples suggestions suivantes. Que cela devienne un jeu pour votre famille de ramasser une chose qui n'est pas à sa place et que l'un ou l'autre a laissé traîner dans une pièce. De cette façon, personne ne doit tout ramasser, mais chacun participe. Et vous n'avez pas à être frustrée en remettant la maison en état chaque fois que la famille y a mis du désordre.

Une autre suggestion: une fois que vous lui avez expliqué que vous avez besoin de son aide, faites appel à votre époux en mettant à contribution sa *force physique et sa résistance.* Faites-lui savoir quand vous avez besoin de sa force pour bouger un buffet ou soulever un objet lourd. Dites-lui combien vous seriez plus en forme le soir s'il vous aidait dans vos nombreux projets. Et souvenez-vous: faites part de vos besoins d'une façon douce et non menaçante.

Un jeune marié méprisa la requête de sa femme de l'aider à faire la vaisselle. Franchement, il considérait cela comme indigne de lui. Sa mère ne s'était jamais attendue à ce type d'aide de la part de son père. En outre, la vaisselle faisait partie de son travail à elle. Il travaillait toute la journée et s'imaginait qu'il avait le droit de rentrer à la maison pour se détendre. Il avait son travail, et elle le sien. *Elle trouve probablement un moyen facile d'échapper à son travail maintenant que je suis là,* pensa-t-il. Mais son attitude changea lorsque sa femme lui expliqua finalement qu'elle voulait simplement être avec lui, pour lui parler et avoir le plaisir d'être en sa compagnie.

Il est probable que votre beau-père n'aidait pas sa femme dans la maison. Si c'est le cas, votre mari a sans doute l'impression que le travail ménager n'est pas viril. Il peut craindre d'être surpris au milieu de ces tâches dégradantes par des amis ou des personnes de la famille ou d'être taxé de «mari dominé par sa femme» pour le reste de sa vie. Ou bien, il peut simplement douter de votre besoin d'aide en se souvenant des capacités de sa mère à se débrouiller seule.

Laissez-moi vous donner un exemple de la manière d'être en communion avec votre mari dans ce domaine: «Chéri, je voudrais que tu saches combien j'apprécie le dur travail que tu fais. Je réalise que tu n'as probablement pas envie de m'aider dans la maison après une rude journée de labeur, mais cela m'aiderait à répondre à tes besoins en tant que femme si tu pouvais faire certaines choses *avec* moi. En plus de ton aide concrète dans la maison, j'aurais la joie d'être en ta compagnie. Il est tellement agréable d'être avec toi.»

Si, après une suggestion aussi gentille, votre mari pense que vous avez concocté un plan intelligent pour qu'il fasse votre travail, réessayez une autre fois. C'est l'occasion parfaite pour exprimer deux des qualités intérieures dont nous avons parlé plus tôt: courage et persévérance. Continuez à expliquer de façon douce et originale que vous avez besoin de sa participation à la maison, en particulier si vous travaillez aussi à l'extérieur.

Rétrospectivement, je vois maintenant quel dommage j'ai causé dans mon propre ménage en m'attendant à ce que ma femme fasse certaines choses qui n'étaient pas de son domaine. Je l'obligeais à travailler au-delà de ses capacités physiques, m'attendant à ce qu'elle m'aide à entretenir le jardin, transporter des meubles, soulever des objets lourds; j'ajoutais même souvent des courses à son programme surchargé, pensant qu'elle avait du temps de libre. Et pour être sûr qu'elle ne paresse pas, je jouais au policier: «Norma, dis-moi ce que tu as fait aujourd'hui». Si seulement j'avais su à l'époque ce que je sais maintenant!

Un ami proche me fit part récemment de son regret en se remémorant la naissance de son deuxième enfant. Insensible et ignorant de ce qu'éprouvait sa femme, il la laissa reprendre les tâches ménagères trop tôt après une naissance très difficile. Pendant les trois années suivantes, elle souffrit de douleurs très intenses jusqu'à ce qu'enfin elle dut subir une grave intervention chirurgicale. Il m'a dit qu'il réalisait maintenant la souffrance et l'angoisse qu'elle avait dû supporter et qu'il aurait facilement pu lui éviter par une aide tendre et compréhensive.

Souvenez-vous que vous lui faites une grande faveur en l'aidant à vous *comprendre*. «Maris... vivez avec vos femmes en les comprenant... et honorez-les... afin que rien ne fasse obstacle à vos prières» (1 Pierre 3:7).

Expliquez comment son aide apportera un bienfait durable pour vos enfants

Beaucoup de psychiatres disent que les enfants ont désespérément besoin de voir une véritable relation d'amour entre leurs parents. Ils ont découvert que les enfants qui voient une profonde affection entre leurs parents ont moins des problèmes psychiques et émotionnels dans leur vie. Les enfants dont les parents sont en conflit risquent de perdre le sentiment de leur valeur et en arrivent à avoir des problèmes psychologiques.

La réponse n'est pas de focaliser toute votre affection sur vos enfants. Le Dr. Alfred A. Nasser de l'université de médicine d'Emory avertit de ne pas centrer la famille sur l'amour des enfants. Il croit même qu'un mariage durable peut se désintégrer si le mari ou la femme donne plus d'amour aux enfants qu'à son conjoint. Dans son livre *Seven Things Children Need* (Sept choses dont les enfants ont besoin), John M. Drescher dit: «La femme qui aime ses enfants plus que son mari met en danger *à la fois* ses enfants et son mariage».

Pour le bien de vos enfants, il est crucial que vous et votre époux fassiez tout ce qui est en votre pouvoir pour consolider votre amour. Un des meilleurs moyens de démontrer votre amour mutuel est de faire les choses ensemble dans la maison.

Alors que vous vous réjouissez de la compagnie de votre mari, vos enfants développeront le sentiment de leur propre valeur et se sentiront en sécurité en sachant que leurs parents ont une relation saine.

Incitez-le à vous aider en vous montrant enthousiaste pour son aide

Tout au long de ce livre, nous avons souligné l'importance d'exprimer de l'approbation par des louanges ou d'autres méthodes indirectes. Peut-être la méthode la plus efficace est-elle de montrer une appréciation enthousiaste avec une expression appropriée sur votre visage. Quand vous rayonnez en réponse à l'aide de votre mari, vous n'augmentez pas seulement le sentiment de sa valeur, mais vous lui donnez une bonne raison de vous aider à l'avenir.

J'ai entendu beaucoup de femmes dire: «Quand mon mari m'aide à la maison, il en fait une telle histoire que j'aurais mieux fait de le faire moi-même». Ces femmes oublient que *c'est vraiment exceptionnel pour lui.* Il croit que tout ce qu'il peut faire après cinq heures doit être compté comme des heures supplémentaires. Chaque fois qu'il fait une corvée à la maison, petite ou grande, il pense probablement qu'il est le mari le plus fantastique de la planète. Ne le décevez pas en minimisant son aide. Au contraire, louez-le et montrez-lui une véritable appréciation. Dites-lui qu'il est vraiment «super» parce que beaucoup d'hommes n'aideraient pas leurs épouses. Votre louange approfondira son amour pour vous et augmentera son désir de vous aider

Ma mère avait l'art de me faire sentir combien j'étais utile. Veuve depuis de nombreuses années, elle travaillait et avait souvent besoin de mon aide dans la maison. Quand je rentrais après l'école, la table de la cuisine était généralement encombrée de la vaisselle du petit-déjeuner et du repas de midi. Je rangeais habituellement le désordre, faisant le travail de mon mieux. Quand ma mère rentrait à la maison et trouvait tout propre, son visage s'illuminait. Elle touchait mon front, comme si j'étais malade. Elle ne critiquait jamais mon travail, même si j'avais répandu de l'eau partout ou cassé une assiette. Elle me faisait tellement de compliments sur mes petites corvées que j'étais ravi. Son appréciation leur donnait un sens.

Quand votre mari fait un travail dans la maison, vous pouvez adopter une des deux approches suivantes. Ou bien vous soulignez ce qu'il a fait de bien, ou bien vous soulignez ce qu'il a fait de mal. Ne lui donnez aucune occasion d'éviter de vous aider à l'avenir: pas de sourcil froncé, pas de grognement. Celles d'entre vous qui ont tendance au perfectionnisme devront avoir plus de patience jusqu'à ce que votre mari ait appris comment vous voulez que les choses soient faites. Acceptez simplement son aide quelle qu'en soit la forme et corrigez les choses ensuite.

Et souvenez-vous: il n'est jamais trop tard pour changer. Un mari refusa d'aider sa femme dans les travaux ménagers pendant dix-neuf ans de mariage. Mais une crise personnelle l'incita à changer en l'espace de trois mois. Maintenant, il débarrasse la table après chaque repas et aime faire la vaisselle avec sa femme. Il l'aide aussi à faire la lessive du début à la fin. (Sa femme aurait pu miner leur relation en insistant pour que les serviettes soient pliées à sa façon à elle et pas d'une autre. A la place, elle s'amusait en lui montrant comment le faire jusqu'à ce qu'il ait appris comment elle faisait.)

Obtenez son aide en le présentant à un homme qu'il admire

Un été, il y a quelques années, notre famille prit de courtes vacances au bord d'un lac. Nous sentions que nous avions besoin de décompresser pour nous retrouver en famille. Mais finalement il n'y eut pas que la famille. Je rencontrai dans ce lieu de villégiature un homme qui avait une telle relation avec sa femme que l'impression qu'il me fit m'amena à aider ma femme dans les travaux ménagers et l'éducation des enfants.

Fort et athlétique, cet homme était un entraîneur professionnel que j'avais admiré de loin pendant quelque temps. J'appréciais beaucoup en lui, sauf la façon dont il traitait sa femme. On aurait pu penser qu'elle était une reine vu la façon dont il l'aidait. Pendant une semaine, je l'observais préparer les repas, mettre la table et la débarrasser. Il offrait souvent son aide sans qu'elle la demande; il avait toujours le rôle le plus important dans la correction des enfants et n'attendait pas qu'elle en assume toute la responsabilité. Une fois, il encouragea même sa femme à lire un livre tandis qu'il faisait les corvées. Quand je me comparais à lui, j'avais honte. A côté de lui je sentais que j'avais échoué en tant que mari et père, à tel point que j'aurais aimé plier bagages et rentrer à la maison.

Vous pourriez soupçonner sa femme d'agir comme si elle était le chef de la famille. Pas du tout. De toute évidence, elle l'aimait profondément et lui montrait un respect sincère. Elle traitait son mari comme je voulais que ma femme me traite. Mais je n'osais pas la comparer à Norma. Après tout, comment pouvais-je penser avoir droit à un tel traitement quand je ne voulais pas faire la même chose.

Peut-être cet homme n'était-il pas stupide de mettre un tablier et de faire la plonge! En le regardant avec sa femme et en voyant l'amour qui les unissait, je commençais à réaliser que c'était moi qui étais stupide. Si je voulais que ma femme me traite comme la sienne le faisait, alors il me fallait gagner son respect. Bien souvent j'ai été reconnaissant pour l'exemple de cet homme. Il se peut que vous ne connaissiez personne qui lui ressemble, mais observez un homme que votre mari respecte. Si cet homme traite sa femme de la façon dont vous voulez être traitée, alors essayez de passer du temps avec ce couple de façon à ce que votre mari puisse bénéficier de son exemple. Cependant, ne poussez *jamais* votre mari à changer en le comparant à cet autre homme. Votre mari a beaucoup plus de chance de changer *s'il remarque* lui-même l'exemple vivant de son ami.

Gagnez son aide avec une liste à son intention

Certains maris n'aimeront pas du tout la suggestion suivante. Cependant beaucoup la trouveront utile pour apprendre comment s'investir dans les responsabilités ménagères avec leur épouse.

Ma femme me donne souvent une liste de quatre ou cinq petits travaux pour lesquels elle a besoin d'aide le samedi ou après le travail. Elle prend toujours garde à ne pas me submerger avec trop de tâches à la fois. Elle explique également chaque détail qui pourrait ne pas être clair. Comme: «Chéri, la poignée de porte que je t'avais demandé de mettre n'était pas disponible en magasin, pourrais-tu la commander par correspondance.» J'aime tout ce qui est mécanique, mais il se peut que ce ne soit pas le point fort de votre mari. Ne mettez donc pas sur votre liste des travaux qu'il trouvera frustrants ou impossible à faire. Donnez-lui suffisamment de travaux pour qu'il se sente impliqué et que cela vous soulage, mais pas trop pour qu'il ne redoute pas votre prochaine liste. Et par-dessus tout, incluez des travaux qu'il peut faire *avec vous.*

Une fois que vous avez fait votre liste, stimulez la curiosité de votre mari à son sujet. Expliquez-lui comment son aide améliorera votre relation, rendra plus facile le fait de répondre à ses besoins, etc. S'il continue à réagir négativement, abandonnez l'idée pendant un moment ou diminuez le nombre des tâches jusqu'à ce qu'il commence à voir l'intérêt de vous aider.

Réflexion personnelle

Priez pour que votre mari vous comprenne pleinement, vous et vos motivations, pour *partager* votre vie avec lui, incluant les responsabilités ménagères. Réfléchissez à la signification de Luc 18:1-6. Avec un esprit calme et patient, vous attendant à ce que le Seigneur réponde, approchez-vous de lui avec vos requêtes. Et avec le même esprit allez vers votre mari.

14

Motivez votre mari à répondre à vos besoins matériels

«N'entretenez aucun souci. En toute situation, exposez vos besoins et vos souhaits à Dieu, en les lui faisant connaître dans vos prières. Intercédez avec confiance et sérieux, exposez vos requêtes avec précision.» (Philippiens 4:6 – La Parole Vivante)

Sans doute, la première chose qu'apprennent les jeunes mariés est qu'il ne revient pas plus cher de vivre à deux que seul – sur une période de temps deux fois plus courte seulement! Ajuster mode de vie et revenus est une dure nécessité pendant les premières années de mariage et peut provoquer des conflits.

Ce que l'un des conjoints considère comme étant une nécessité absolue, l'autre le voit peut-être comme un luxe. Elle peut avoir l'habitude d'aller chez le coiffeur toutes les semaines. Et son mari, sensible à la mode, peut avoir pris l'habitude au cours des quinze dernières années d'ajouter une cravate et une nouvelle chemise à sa garde-robe tous les mois. C'est ainsi que commence un conflit à propos des derniers cents francs qui restent dans la caisse en fin de mois. Il est hors de question qu'il n'ait pas sa nouvelle chemise, et elle est persuadée qu'elle sera la risée du voisinage si elle ne va pas chez le coiffeur.

Le mari, dont la femme ne travaille pas à l'extérieur, pense souvent: «Après tout, c'est mon argent» et tient le raisonnement suivant: «Pour être respecté dans mon travail, je dois me sentir sûr de moi et avoir l'air d'un homme qui réussit». C'est avec des assertions de ce style que vous pouvez culpabiliser votre femme. Elle se sentira alors coupable de vouloir quoi que ce soit pour elle-même. Ceci est la première motivation pour laquelle les femmes cherchent un emploi à l'extérieur – «Comme cela je gagnerai moi-même *mon* argent». Même ces femmes qui achètent le strict nécessaire peuvent penser qu'elles doivent justifier ou expliquer l'utilisation de chaque centime. Le mari dépensera allègrement cinq cents francs pour l'achat d'un «nouveau jouet», et puis s'en prendra à sa femme pour une dépense supplémentaire d'épicerie de cent francs.

Leur environnement devenant une partie intégrante d'elles-mêmes les femmes sont souvent déprimées parce que leur maison n'est pas une expression d'elles-mêmes, mais de leur budget: «Ce tableau n'est pas à mon goût, mais c'est tout ce que me permet mon porte-feuille. «Evidemment, la solution n'est pas de faire une dépense extravagante pour que votre maison devienne la parfaite illustration de vous-même. Cependant, vous pouvez petit à petit rendre votre maison semblable à ce que vous désirez. Je ne suggère pas que vous fassiez des aménagements dans votre maison au détriment des besoins fondamentaux de votre famille.

Mais une partie du budget de votre mari pourrait être utilisée pour satisfaire vos besoins. Ce chapitre vous donnera les outils essentiels pour inciter votre mari à répondre de bonne grâce à vos besoins en tant qu'épouse, mère, individu et maîtresse de maison. Après tout, pourvoir aux besoins de sa famille est une responsabilité de première importance selon la Bible (1 Tim. 5:8). Au fil des années, j'ai découvert des façons d'agir qui peuvent motiver les maris à satisfaire les besoins de leurs femmes. Ces moyens n'auront pas obligatoirement le même effet sur tous les hommes, aussi devrez-vous déterminer l'approche qui convient le mieux à votre époux. Pour nombre d'entre vous, le seul moyen de trouver la meilleure solution sera d'essayer et de faire des erreurs.

Exprimez vos besoins matériels avec conviction et enthousiasme

Pendant vingt ans, Caroline avait pris l'habitude de biaiser pour faire connaître ses besoins matériels à son mari Christophe. Celui-ci avait établi une série de questions à laquelle il se fiait dans ces moments-là. En réponse, Caroline avait une série de justifications pour préparer Christophe à répondre à chaque besoin. Loin d'avoir une approche positive, elle était pleurnicharde. Elle était toujours anxieuse à cause de la dernière requête pénible qu'elle avait dû faire et encore plus effrayée à l'idée d'en faire une autre. Son mari ne lui témoignait généralement que peu d'intérêt. Quand il cédait et lui donnait un peu d'argent, son attitude avare et sa réticence la mettaient encore plus mal à l'aise. Elle finit par se fatiguer de cette façon de faire, et de l'attitude de son mari, réalisant qu'elle était un individu avec sa valeur propre, des opinions et des idées aussi valables que les siennes. Aussi décida-t-elle de lui faire part de ses besoins d'une façon positive et directe. Sans excuse ou explication préalable, elle dit avec un sourire: «Chéri, Thomas a besoin d'un nouveau manteau. Il commence à faire froid et l'autre est usé. Il me faut de l'argent pour aller l'acheter aujourd'hui.»

La réponse de son mari la surprit: «C'est parfait. Merci d'y avoir pensé.» Il lui donna l'argent, sans discuter davantage. (L'argent n'était pas un problème pour Christophe. Il en avait suffisamment, mais était avare.) Tout ce que cela avait demandé à Caroline était une présentation logique faite avec conviction. Une fois que Christophe s'était rendu compte de l'urgence du besoin, il n'avait pas hésité à desserrer les cordons de la bourse.

La majorité des femmes se heurtent à moins de résistances, de critiques et de questions, quand elles exposent leurs besoins de façon directe à leur conjoint. Bien que l'approche directe puisse échouer avec certains maris, je sais qu'elle fonctionne en ce qui me concerne. J'apprécie vraiment la manière directe, enthousiaste et logique avec laquelle ma femme me fait part des besoins de la famille. «Conviction et influence», tel est le sens en hébreux de la femme «vertueuse» qui est décrite dans Proverbes 31:10-31.

Même quand je suis en-dehors de chez moi, ce principe m'influence quotidiennement. Lorsque des personnes viennent me voir avec un long préambule d'excuses, je perds invariablement tout désir de les aider. Leurs excuses me font penser que leur demande est «non-prioritaire» si je suis pressé. Quand j'entends une phrase comme: «M. Smalley, j'aimerais beaucoup vous parler, mais je ne veux pas vous faire perdre votre temps», je pense à part moi: «*Je suis vraiment trop occupé pour l'aider*». D'un autre côté, quand des personnes me demandent avec conviction et enthousiasme de leur consacrer mon temps, j'ai, en général, le désir de les satisfaire: «Je suis face à un problème délicat, et j'ai besoin d'aide immédiatement. Je sais que vous pouvez m'aider. Pouvez-vous m'accorder un moment, c'est très important.» Naturellement, c'est ce que je vais faire. Je me sens enthousiaste pour aider de telles personnes, parce que je sais qu'elles sont prêtes à trouver la solution. Elles désirent me parler, parce qu'elles veulent trouver des réponses immédiatement.

Là encore, nous pouvons mettre l'accent sur la valeur des femmes. Du fait qu'elles semblent faire plus attention aux relations, il serait normal de supposer qu'elles remarquent plus facilement les besoins particuliers de leur famille et de leurs enfants. Les hommes, ayant davantage tendance à se préoccuper de leur carrière, ont besoin de rappels à l'ordre. Reconnaissez votre force dans ce domaine, et *montrez* à votre mari vos convictions et votre enthousiasme.

Permettez-moi de vous rappeler également que le moment que vous choisissez pour parler et votre attitude sont cruciaux pour que votre démarche soit efficace. Soyez particulièrement sensible à l'état d'esprit de votre mari avant d'entamer la conversation. Il est peut-être nécessaire qu'il prenne le temps de se relaxer, de prendre une douche ou faire un jogging avant de commencer à discuter. Une fois que vous le voyez prêt, faites-lui part de vos besoins et vos sentiments honnêtement, mais sans le critiquer. Prenez garde de ne pas l'accuser d'indifférence. Par-dessus tout, évitez de vous mettre en colère. Cela peut l'inciter à rester sur ses positions et à rationaliser plus que jamais ses attitudes.

Une attitude enthousiaste peut faire naître la réaction exactement inverse. Quand un mari est contaminé par l'enthousiasme de sa femme, il considérera les besoins de son épouse comme une priorité. Laissez fuser votre enthousiasme en reconnaissant que vos besoins sont valables et dignes d'être exprimés avec confiance. Votre mari remarquera la différence et reconnaîtra votre capacité à comprendre les besoins des vôtres.

Faites appel à son sens logique

La plupart des hommes ont besoin d'une présentation ordonnée des faits avant de pouvoir prendre une décision. C'est pourquoi il est important que vous appreniez à exprimer les besoins de façon à ce qu'il puisse les «gérer». Chaque fois que vous voulez présenter un besoin à votre conjoint, posez-vous les quatre questions suivantes:

1. Pourquoi en ai-je besoin?
2. Quel est le meilleur produit sur le marché?
3. Où est-il le moins cher?
4. Quelles seront les conséquences si je ne l'achète pas maintenant?

Pourquoi en ai-je besoin?

Cette question aidera votre mari à voir les avantages de l'achat que vous voulez faire. Même une nouvelle robe ou un rendez-vous chez l'esthéticienne peut avoir un effet positif sur votre mari et votre famille. Ce qui peut sembler être une requête égoïste de votre part est souvent un bénéfice en puissance pour votre famille. Ne vous sentez-vous pas cent fois mieux avec une nouvelle coiffure? Cela n'a-t-il pas d'incidence sur la façon dont vous traitez vos enfants et votre conjoint au repas du soir? S'il en est ainsi, tout ce que vous avez à faire, c'est d'enregistrer *pourquoi* vous voulez faire un certain achat, ainsi que ses effets positifs sur votre mari et votre famille. Ensuite, présentez les faits calmement et clairement.

Quel est le meilleur produit sur le marché?

Même si vous avez finalement décidé que vous avez vraiment besoin de ce canapé, vous n'êtes pas encore tout à fait prête à en parler à votre époux. Vous devez d'abord découvrir la façon la plus efficace de pourvoir à ce besoin à long terme et aux moindres frais. Vous devez décider du style et de la marque qui vous feront le plus d'usage, au moindre coût. Par exemple, un canapé à 1500 francs semble être une affaire. Mais il peut être de tellement mauvaise qualité qu'il ne durera pas plus de deux ans, ce qui veut dire que le coût relatif de ce canapé est de 750 francs par an. Vous avez remarqué par ailleurs un canapé de meilleure qualité à 3000 francs, qui pourra durer six ans environ. Bien que l'investissement de départ soit plus important, il ne reviendra, à long terme, qu'à 500 francs par an. Je ne veux pas sous-entendre que la marchandise la plus chère soit le meilleur achat que vous puissiez faire. Un grand nombre de vos achats seront limités par vos revenus, Cependant, si vous pouvez remettre un achat à plus tard et faire des économies pour acheter un article plus solide à long terme, vous montrerez à votre mari que vous avez de la sagesse et que vous êtes capable de gérer un budget. Le fait que vous ayez recherché les produits disponibles sur le marché l'impressionnera en lui montrant que le besoin est sérieux. Renseignez-vous dans plusieurs magasins et demandez à un vendeur quelles sont les meilleures marques pour un certain type d'article. Au bout d'un moment, vous verrez peut-être qu'une marque est mentionnée comme étant la meilleure par quatre ou cinq vendeurs.

Où puis-je l'acheter au prix le plus bas?

Je doute que vous ayez besoin d'aide dans ce domaine. La plupart des femmes excellent dans l'art de faire les magasins. Cependant, je veux particulièrement souligner que votre mari a besoin de constater que vous avez vérifié les prix dans *plusieurs* magasins. Cela m'impressionne toujours quand Norma peut me montrer les prix exhorbitants de trois ou quatre points de vente, en comparaison du prix raisonnable du magasin où elle a l'intention d'acheter. Je me sens plus confiant, sachant qu'elle ne sera pas trompée par un vendeur. Ses comparaisons de prix, qui demandent temps et effort, me prouvent que ma femme n'est pas une dépensière impulsive.

Quelles seront les conséquences si je n'achète pas maintenant?

Tandis que vous envisagez les réponses à cette question, les arguments de peu de poids s'évanouiront laissant, espérons-le, la place à la réalité de l'urgence. Une réflexion approfondie peut vous révéler que vous n'avez pas réellement besoin de faire cet achat au moment que vous aviez initialement prévu. D'un autre côté, vous pouvez découvrir les conséquences négatives qu'entraîne le fait de ne pas acheter cet article immédiatement. Cette sorte d'évidence devrait signifier l'urgence du besoin à n'importe quel mari.

Une fois que vous serez en possession de la réponse à chacune de ces quatre questions, vous devriez être prête à présenter les choses de façon logique à votre époux. Si, après de nombreuses recherches, vous ne savez toujours pas quel article acheter ou à quel endroit vous le procurer, alors demandez à votre mari de vous aider. Tout ce que vous pourrez faire ensemble ne contribuera qu'à renforcer votre relation.

Exprimez-lui votre gratitude pour les besoins auxquels il a déjà pourvu

Vous pouvez imaginer de nombreuses façons d'exprimer votre reconnaissance pour les besoins matériels auxquels votre conjoint a déjà pourvu. Ainsi, une femme exprima sa reconnaissance à son mari en se débarrassant d'un meuble qu'il détestait. Quand il remarqua que celui-ci avait disparu, elle lui avoua qu'elle s'en était défaite pour lui exprimer combien elle avait apprécié la manière dont il avait répondu à un besoin familial.

Apprenez à apprécier votre mari pour lui-même (et non pour ce qu'il vous procure)

Pendant des années, j'étais écrasé par les attentes matérielles de ma femme et j'étais peu motivé pour y répondre. Puis, tout d'un coup, son attitude changea. Elle témoignait une véritable appréciation à mon égard. Les biens matériels furent relégués à l'arrière-plan. Après une année entière où elle continua à m'exprimer son appréciation directe et indirecte, je réalisai qu'elle m'aimait pour moi-même, et non pour ce que je faisais pour elle. Bientôt je fus à l'affût de chaque occasion de répondre à ses besoins personnels ou ceux de la famille. Je n'avais plus l'idée de lui refuser ces meubles qu'elle désirait depuis des années. Depuis que son attente ne tournait plus autour de l'ameublement, je me sentais libre de les lui acheter. Nous fîmes un projet conséquent et dépensâmes une certaine somme pour aménager la maison comme elle l'avait toujours rêvé.

J'ai eu l'occasion de rencontrer des femmes qui étaient si satisfaites de leur relation avec Dieu, leur conjoint et leur famille qu'elles étaient capables de vivre heureuses dans les circonstances telles qu'elles se présentaient, avec la philosophie suivante: «Ce que tu possèdes est de loin moins important que ceux avec qui tu vis.»

Faites une liste des besoins matériels

Cette dernière approche peut ne pas plaire à tous les hommes, mais pour certains, comme c'est le cas en ce qui me concerne, elle constitue un rappel de nos vrais besoins. Cette liste doit rappeler à votre mari les choses auxquelles vous voudriez qu'il pourvoie dans un laps de temps déterminé. Les articles de cette liste devraient être raisonnables et accessibles à votre époux avec le budget que vous avez prévu. Elle sert à prévoir les besoins familiaux, enlevant à votre mari le souci des dépenses inattendues. Utilisez votre sensibilité pour déterminer si votre mari apprécierait vraiment une telle liste. Si vous sentez qu'il est intéressé, commencez à faire cette liste ensemble en mettant les articles à acheter par ordre d'importance. Si vous voyez que cette liste représente un poids supplémentaire pour votre époux, mettez tout en œuvre pour la corriger, Ou bien déchirez-la. Le but de cette liste est de le soulager et non de le charger d'un fardeau supplémentaire.

Je suis d'avis que tous les maris répondent aux besoins de leurs femmes de façon aimante. Je vous fais confiance pour motiver votre mari à agir ainsi à votre égard, en vous aidant des cinq approches décrites dans ce chapitre. Mais, j'espère que vous garderez votre affection et vos désirs centrés sur le Seigneur et sur votre mari plutôt que sur l'acquisition de biens matériels. Seules les *relations* accordent des satisfactions qui durent toute une vie.

Réflexion personnelle

Application de Philippiens 4:6-7.

1. Faites la liste des besoins primordiaux de la famille.
2. Dans une attitude de calme et d'attente, faites connaître au Seigneur cette liste.
3. Dans un esprit de remerciement, faites connaître à votre époux votre liste dans son intégralité. Faites-lui savoir que si Dieu lui montrait de vous aider, vous en seriez enchantée.
4. Recevez la *paix* du Seigneur tandis que vous vous *attendez* à Lui en réponse à votre prière, en espérant que le Seigneur se serve de votre conjoint pour répondre à ces attentes.

15

Que pouvez-vous faire pour que l'affection de votre mari à votre égard grandisse et s'approfondisse?

« A semis parcimonieux, maigre récolte. Semez à pleines mains et vous moissonnerez abondamment. » (2 Cor. 9:6 – Parole Vivante)

Thierry jeta un coup d'œil à Ruth par-dessus la table du petit déjeuner. Comme il la regardait, il en arriva à cette conclusion qui lui donna la nausée – « Je ne ressens plus rien pour elle... Je me demande même pourquoi je me suis marié avec cette femme? » Bien évidemment, le malaise de Thierry ne pouvait se résoudre en avalant deux aspirines. Il souffrait d'un problème vieux comme le monde: des attentes irréalistes. Il avait imaginé que sa femme resterait toujours celle qu'il avait épousée à vingt ans. Mais elle avait changé au cours des huit dernières années.

C'est un phénomène caricatural: pour la plupart d'entre nous, nous espérons que nos conjoints resteront toujours aussi séduisants que lorsque nous les avons rencontrés, que ce soit physiquement ou émotionnellement. Mais il se passe cette chose étrange quand nous nous acheminons vers la retraite... nous changeons. Et si ce que nos conjoints trouvaient autrefois attirant en nous change, nous devons le remplacer par quelque chose de mieux.

Même pendant la période où il vous faisait la cour, son affection pour vous n'était pas née comme par enchantement, mais avait grandi à cause de quelque chose qu'il aimait en vous. Peut-être ses sentiments s'étaient-ils éveillés à cause de votre apparence, de votre personnalité ou de la façon dont vous le mettiez à l'aise. Si tant de belles qualités ont disparu en vous, son amour pour vous a pu s'amenuiser jusqu'à devenir inexistant.

A l'époque où il vous faisait la cour, le temps que vous passiez avec votre fiancé était probablement limité. Il était facile pour chacun d'entre vous de mettre les besoins ou les intérêts de l'autre en premier, puisque vous n'aviez pas à le faire vingt-quatre heures sur vingt-quatre. Il est évident que, si votre fiancé faisait passer ce qui vous intéressait le plus en premier, comblant ainsi vos besoins au détriment des siens, votre cœur fondait chaque jour davantage – et réciproquement.

Après le mariage, les choses ont changé rapidement. Vos rencontres n'étaient plus limitées à des moments où vous donniez chacun le meilleur de vous-même. Ses propres intérêts ont commencé à prendre le pas sur les vôtres et vice-versa. Dans de telles circonstances il n'a pas fallu beaucoup de temps pour que vos affections se refroidissent.

C'est pourquoi «l'autre femme» semble avoir tellement d'atouts. Elle paraît offrir les nouveaux attraits que votre mari pense ne plus trouver en vous. Elle peut rapidement éveiller en lui ces profonds sentiments amoureux qu'il cherche désespérément à ressentir à votre égard. Dans le cadre de leurs brèves rencontres, chacun d'eux domptera temporairement sa nature égocentrique pour présenter le meilleur de lui-même.

Que pouvez-vous faire pour augmenter cette beauté intérieure qui se reflète naturellement dans vos yeux et l'expression de votre visage, et augmente sans conteste votre pouvoir de séduction?

Gardez la flamme

Il y a plusieurs façons pour conserver cette flamme dans le cœur de votre mari. Je sais que vous aimeriez par-dessus tout voir votre mari redevenir amoureux, mais il se peut que vous deviez alimenter le feu vous-même pendant un certain temps. Même si vous commencez à mettre en pratique certaines des idées que je développe ci-dessous, il est possible que votre mari ne tombe pas follement amoureux de vous du jour au lendemain. Cependant, ses sentiments changeront graduellement. Aussi ne soyez pas surprise si vous vous réveillez un jour et qu'il *vous* donne de lui-même un baiser sur la joue. Soyez prête en même temps à ce qu'il soit choqué, qu'il se moque ou même qu'il repousse vos avances. Faites-lui simplement comprendre que vous l'aimez et que vous essayez de le lui exprimer de différentes façons. Les idées que je suggère ici ne sont absolument pas exhaustives. Il y a probablement des milliers de moyens de ranimer cette flamme amoureuse dans votre relation. J'espère que mes suggestions seront un tremplin qui vous permettra d'en trouver d'autres.

Programmez des activités qui lui feront voir qu'il a de l'importance pour vous.

Vous pouvez ici donner libre cours à votre imagination. Bien que les possibilités soient infinies, vous connaissez les activités qui prouveront à votre mari qu'il a de l'importance à vos yeux. Par exemple en lui servant son repas préféré ou en allant passer un week-end dans un de ses sites de prédilection. Quelle que soit l'activité que vous choisissez de faire, vous pouvez toujours l'agrémenter en portant le parfum qu'il préfère ou une robe qu'il aime particulièrement.

En planifiant ainsi de temps en temps certaines activités et en y ajoutant un peu de variété, vous lui prouverez combien vous le trouvez spécial. Il se peut qu'il ne vous en félicite pas immédiatement. Ne vous y attendez pas. Si vous persistez, il est possible qu'il vous remercie par des compliments et en vous témoignant une affection plus grande.

Occasionnellement, soyez celle qui exprime le désir d'avoir des relations sexuelles.

Ce sont en général les hommes qui font les avances sexuelles dans le cadre du mariage. Une femme, de son côté, a besoin d'une longue approche amoureuse. Son comportement face aux avances sexuelles peut même être affecté par la conduite de son mari au cours des derniers jours ou des dernières semaines. Bien que vous compreniez cela, il se peut que votre mari ne le comprenne pas. Même si cela n'est pas naturel pour vous, il est important que de temps en temps vous alliez vers lui dans un désir d'intimité si vous voulez que son affection grandisse à votre égard.

Si vous avez été humiliée, écrasée, critiquée pendant des années, il vous est difficile de faire le premier pas. Beaucoup de femmes disent que faire l'amour avec leurs maris sans avoir été préparées émotionnellement leur donne l'impression d'être des prostituées. Pour s'engager librement à faire l'amour, une femme doit se donner entièrement à celui qu'elle aime. Quand elle en est incapable à cause des mauvais traitements qu'elle a subis ou d'une préparation inadéquate, elle a l'impression qu'il utilise simplement son corps. Si vous avez ressenti de telles choses à l'égard de votre mari, l'idée de faire les avances sexuelles, par un effort de volonté pur et simple, peut vous donner la nausée. Cependant, tandis que s'approfondit votre relation, vous trouverez de plus en plus naturel de vous donner à lui, et même d'être l'initiatrice de l'intimité sexuelle.

Quand vous êtes effectivement de temps en temps l'initiatrice de la relation, faites preuve d'imagination pour rendre la chambre et votre apparence aussi accueillantes que possible. Parfum, chandelles, mots gentils, caresses tendres sont quelques-uns des moyens que vous pouvez utiliser pour mettre de l'inattendu dans ces instants.

Une autre manière de rendre ce moment plus satisfaisant pour vous et votre mari est de répondre aux besoins sexuels de votre partenaire. J'ai découvert qu'une attitude de don de soi dépourvue d'égoïsme contribue particulièrement à la jouissance sexuelle. L'homme éprouve la plus grande satisfaction quand il met tout son cœur à stimuler sa femme et à l'amener à l'orgasme. En même temps, une femme est comblée au maximum quand elle met tous ses efforts à répondre aux besoins de son mari. L'acte sexuel égoïste ne fait rien d'autre que d'enlever le potentiel de plaisir maximum.

Il est inutile de souligner qu'il y a des dizaines, voire des centaines, d'ouvrages écrits par des autorités en la matière pour expliquer comment rendre l'expérience sexuelle plus satisfaisante. Mais je crois fermement que le paroxysme de l'amour se produit quand le mari commence à répondre aux besoins émotionnels de son épouse – et ce quotidiennement. Toutes les techniques et les ambiances du monde ne peuvent réchauffer une femme négligée et refroidie.

Restez souple

La grande majorité des femmes aimeraient avoir leurs journées programmées du début à la fin, sans surprise. Les emplois du temps peuvent être bénéfiques quand ils procurent un canevas pour la journée; mais ils peuvent aussi devenir des maîtres tyranniques. La journée est gâchée pour certaines maîtresses de maison quand une seule activité change dans ce qu'elles ont prévu. Tout ce à quoi elles peuvent penser quand leurs maris rentrent après le travail est: «Je suis en retard dans mon programme, et ce sera pire demain si je ne rattrape pas le temps perdu avant d'aller me coucher». Si vous voulez que votre relation conjugale s'approfondisse, il est très important que vous appreniez à être souple. Je crois que rien n'est plus important pour vous et votre famille qu'une relation d'amour profonde avec votre époux. Votre souplesse peut montrer à votre mari que vous l'aimez vraiment et permettre de conserver la flamme qui anime l'intérêt dans votre relation. Quand il rentre à la maison et voit que vous mettez votre emploi du temps de côté pour prendre le temps de parler tranquillement avec lui, il se sent valorisé et aimé.

Il m'arrive de rentrer tard à la maison, après avoir rencontré un couple ou un groupe. J'apprécie quand Norma se réveille et passe quelques minutes à m'écouter lui raconter ma soirée sans m'interrompre. Cela représente bien sûr un sacrifice pour elle, mais ainsi je me sens important et mon amour pour elle s'en trouve renforcé.

Votre emploi du temps est important, j'en suis conscient. Cependant, vous devez maintenir un équilibre et être capable de laisser vos priorités de côté de temps en temps pour faire tout spécialement attention à votre mari et à ses besoins. C'est cela l'amour véritable.

Restez en bonne condition physique

Les pires ennemis de la santé sont le manque de sommeil et une nourriture inappropriée. Quand ils se conjuguent avec un stress permanent, ils peuvent rendre une femme irritable – ce qui n'invite pas précisément son mari à lui témoigner de l'affection.

Croyez-le ou non, une réponse majeure au problème de fatigue, d'agitation et d'irritabilité est de faire régulièrement de l'exercice physique. Un psychologue m'a expliqué que l'exercice améliore non seulement notre condition physique, mais encore procure un excellent remède contre le découragement et la dépression.

Prenez l'habitude de prendre de l'exercice régulièrement que ce soit de la bicyclette, de la course à pied, de la gymnastique... Assurez-vous, en consultant votre médecin, que vous n'avez aucun problème de santé qui vous empêcherait de faire certains types d'exercices.

Augmentez votre sensibilité à l'égard de votre mari et soyez à l'écoute

Un homme aime que sa femme soit sensible. En fait, sa confiance en lui-même est directement liée à la manière dont les autres réagissent à son égard. Un homme se liera d'affection avec ceux qui sont réceptifs envers lui, et non envers ceux qui ne le sont pas. Il existe au moins deux façons dont vous pouvez augmenter votre sensibilité à l'égard de votre mari.

Restez ouverte à son égard en ayant la volonté de vous soumettre

Je ne parle pas du concept de l'épouse «paillasson». Dieu vous a donné un esprit et des sentiments. Je parle de la volonté d'être *ouverte* à tout ce que votre mari peut vous dire; volonté de l'écouter et de vous soumettre, si toutefois vous pouvez agir sans violer votre propre conscience. Ce type de soumission n'est pas un signe de faiblesse, mais de maturité véritable (Eph. 5:22). Vous savez que votre enfant grandit quand il commence à remarquer les besoins des autres et à y répondre. De même, les adultes montrent qu'ils sont mûrs quand ils veulent bien se soumettre aux autres pour le bien commun. Un homme doit avoir une attitude de soumission envers sa femme en prenant en considération ses sentiments et sa personnalité spécifique quand il prend des décisions. Il doit parfois avoir la bonne volonté de se soumettre à ses préférences. Plus nous sommes mûrs, plus nous avons le désir de nous soumettre à un autre.

Dans un mariage, la soumission n'est pas toujours simultanée. Il faut que l'un commence. Si ce n'est pas votre mari qui a l'initiative, alors pourquoi ne serait-ce pas vous? Peut-être en profitera-t-il au début, mais il peut tout aussi bien vous emboîter le pas par la suite.

Considérez attentivement ce que vous dit votre mari sans réagir

Faites attention à ce que vous dit votre mari sans réagir négativement. Ne vous contentez pas de vous en tenir à la signification apparente de ce qu'il vous dit. Posez des questions jusqu'à ce que vous ayez une pleine compréhension de ce qu'il essaye de vous communiquer réellement.

Ne jouez pas à la télépathe. Trop de femmes considèrent qu'elles connaissent suffisamment leurs maris pour prévoir ce qu'ils vont dire. Certaines vont jusqu'à prétendre qu'elles connaissent les motivations cachées de leurs époux.

Si vous présumez quoi que ce soit de votre mari, j'espère que ce sont des motivations pures. Si c'est le cas, vous serez moins opposée et beaucoup plus réceptive à ce qu'il dit. Ne réagissez pas pendant qu'il est en train de parler, mais considérez et retenez tout ce qui est valable dans ses paroles.

«Tu es tout simplement faible», dit un jour un mari à son épouse qui cherchait à entendre d'occasionnels «je t'aime». Ayant besoin qu'il la rassure de son amour verbalement, c'était comme si elle avait été frappée en plein visage. De toute évidence, ses sentiments d'affection avaient été blessés par son commentaire. Si seulement elle avait pu sortir de ce cercle vicieux d'offenses non pardonnées et avait pris le temps de comprendre pourquoi il avait répondu ainsi, elle aurait pu apprendre beaucoup de choses: qu'elle devait lui communiquer la raison pour laquelle il était important pour elle qu'il lui exprime son amour, qu'il abordait la question avec des références différentes et qu'il n'avait jamais eu l'intention de la blesser.

En devenant plus sensible à votre époux et en apprenant à vous soumettre, vous augmenterez sa confiance en lui-même et son sentiment d'avoir une valeur propre. En conséquence, il aura une affection plus profonde pour vous.

Mettez du piment dans votre relation

La plupart d'entre nous n'aiment pas la routine. Nous nous ruons vers l'inhabituel, le nouveau, l'inattendu. Il n'est pas étonnant que les mariages qui s'enferment dans la routine cassent. Il y a trop de pôles d'attraction alentour. Quand une femme peut prédire l'humeur de son mari vingt-quatre heures sur vingt-quatre, et vice-versa, leur mariage a pris une mauvaise tournure. La variété donne du piment à la vie. Alors mettez un peu de piment dans votre mariage.

Je cours trois à cinq kilomètres tous les jours, mais je ne prends jamais le même chemin deux jours d'affilée. Je ne veux pas que cet exercice devienne monotone. La variété conserve de l'intérêt aux choses. Cela reste vrai dans les relations conjugales. La monotonie ne peut pas s'introduire quand vous variez vos dîners, vos conversations, vos sorties, vos rendez-vous, votre vie sexuelle et votre apparence. Un des meilleurs moyens de rester créatif dans une relation est d'être au courant de ce qui se passe. Demandez à vos ami(e)s comment ils mettent du piquant dans leur relation. Lisez des livres et des magazines sur des sujets qui stimuleront des conversations intéressantes. Ma femme fait des efforts pour mettre de la variété dans notre mariage. Elle ne se contente pas de garder l'esprit alerte en lisant, mais elle suit aussi des cours sur l'alimentation et d'autres sujets spécifiques. Il semble qu'elle ait toujours quelque chose de nouveau et d'intéressant à dire.

Règlez avec lui les offenses passées

Au chapitre 7 nous avons parlé de l'importance de clarifier les offenses dont vous êtes coupable envers votre époux. Il serait sans doute bénéfique de relire ce chapitre maintenant. Chaque fois que vous offensez votre mari sans clarifier les choses, vous construisez un mur d'incompréhension dans votre relation. Rien ne pourra faire sauter cette barrière si ce n'est de demander pardon. Notez trois ou quatre situations récentes où vous avez blessé votre mari. Ensuite, allez le voir avec une attitude humble et demandez-lui pardon. Vous pourriez même faire un pas de plus et lui demander de vous dire ce qui dans votre vie le blesse. Georgette avait peur de mettre ce point en pratique parce que sa meilleure amie avait été abattue et découragée après qu'elle avait demandé à son mari ce qu'elle pouvait faire pour progresser en tant qu'épouse et mère. «J'ai toujours l'intention de m'y mettre, dit Georgette, parce que j'ai vu combien cela transformé le mariage de mon amie». L'amie de Georgette avait finalement laissé les remontrances de son mari faire leur chemin en elle. «Elle a cessé de le dominer et de le diriger, continua Georgette, et leur relation s'est vraiment améliorée.» Peut-être le plus grand pas vers la maturité consiste-t-il à apprendre comment reconnaître ses torts. Quand nous pouvons humblement rechercher le pardon de l'autre, non seulement nous effaçons l'offense, mais nous gagnons aussi le respect de celui que nous avons offensé. Qu'est-ce qui demande le plus de courage? Le fait d'ignorer vos offenses ou celui de les admettre? La seule fois où j'ai senti une réaction négative en demandant pardon a été lorsque je l'ai fait avec une attitude accusatrice. Quand les autres sentent en nous un manque de repentir sincère, ils réagissent souvent avec amertume ou colère. Mais quand ils sentent une peine véritable de ma part, leur respect pour moi semble augmenter. Ce n'est pas seulement Dieu qui est attiré par ce qui est humble – il en est de même pour notre prochain (Jacques 4:6).

Restez un défi pour votre mari

J'ai découvert une vérité profonde dans les Proverbes: « Si un homme a faim, il trouvera presque toutes choses douces à son palais, mais s'il est rassasié, même le miel lui semblera mauvais» (Proverbes 27:7 – paraphrase). Quelle analyse exacte de la nature humaine – nous avons tous tendance à désirer ce que nous ne pouvons avoir et nous nous fatiguons de ce que nous avons conquis.

Avant notre mariage, je sortis épisodiquement avec ma femme pendant une période de quatre années. Il semblait que Norma était toujours disponible. Je pouvais l'appeler au dernier moment et elle était toujours prête à sortir avec moi. Il était facile de parler avec elle et j'aimais énormément sa compagnie. Mais je pris Norma pour un fait acquis – peut-être parce qu'elle était toujours disponible quand je l'appelais.

Puis un jour, j'entendis dire qu'elle sortait avec un autre garçon. Pour quelqu'étrange raison, mon affection pour elle augmenta immédiatement. J'eus peur de la perdre. Je me mis à faire sa conquête avec ardeur – jusqu'à l'autel. Mais une fois mariés, le défi prit fin. L'ennui commença à s'installer pour chacun d'entre nous. Grâce à une grande partie des principes énoncés dans ce livre, nous pûmes vaincre l'ennui et, jusqu'à aujourd'hui, Norma reste un défi pour moi. Je sais qu'elle ne dépend pas totalement de moi pour son bonheur. Elle a une relation profonde avec Dieu et s'attend à lui pour la combler (Ps. 62:1-2; Eph. 3:19-20).

Mettez en valeur vos atouts naturels

Il y a plusieurs années, un de mes amis fit une retraite destinée aux étudiants de l'université. Marié depuis environ quatre ans, il était actif dans le conseil conjugal pour les jeunes de l'université. Pendant la retraite une jeune fille très séduisante vint le voir pour être conseillée. Dans un moment d'émotion, elle l'entoura de ses bras, cherchant un réconfort.

Il me dit que jusqu'à ce jour, c'est-à-dire six années plus tard, il peut encore se souvenir de ce contact tendre et doux. Il m'avoua que depuis son mariage, sa femme, qui avait été si tendre et pleine d'affection lorsqu'ils se fréquentaient, ne l'avait jamais touché aussi tendrement. Mais un seul instant avec cette jeune fille l'avait fait fondre. Il me dit qu'il ne l'a jamais revue depuis, mais qu'il n'a jamais pu oublier la douceur de sa voix, ni celle de son étreinte.

Qu'est-il advenu de toutes les qualités qui ont séduit votre mari lorsqu'il vous a rencontrée? Peut-être avait-il été touché par votre voix douce et tranquille... votre esprit paisible... votre capacité d'écoute... la vivacité de votre personnalité... votre esprit aiguisé... votre sens de l'humour... quelles que soient ces qualités, elles constituaient la personne vers laquelle il avait été initialement attiré. Certaines de ces qualités auraient-elles disparu au cours de ces années? Pleurez-vous pour obtenir son attention maintenant? Etes-vous trop occupée pour l'écouter? Avez-vous perdu votre sens de l'humour?

Je réalise que le manque d'attention de votre époux pendant des années peut vous avoir enlevé certaines de ces qualités et peut vous avoir poussée à hurler, jeter des objets. Il peut aussi vous avoir amenée à l'ignorer. Mais si vous voulez retrouver son attention, vous devez en quelque sorte retrouver et montrer ces qualités qui vous sont propres et qui l'ont attiré vers vous autrefois. Ces mêmes qualités sont très vraisemblablement celles qui pourraient l'attirer dans les bras d'une autre femme, si elle s'en sert.

Enseignez-le en révélant vos sentiments

Votre mari peut penser qu'il est l'un des hommes les plus affectueux que la terre ait jamais portés. S'il ne l'est pas, voulez-vous le lui apprendre? Peut-être considère-t-il que le fait d'aller au lit avec vous est toute l'attention dont vous avez besoin. Mais vous et moi savons que rien n'est moins vrai. Attendez le moment favorable et les circonstances les plus propices pour lui faire part de vos sentiments. Présentez-les lui aussi clairement et logiquement que vous le pouvez. S'il réagit négativement, attendez un moment plus adapté. Essayez de ne pas faire pression sur lui, mais, patiemment et gentiment, essayez de lui expliquer comment vous ressentez les choses.

Le fait d'exprimer ses sentiments demande de la persévérance, mais cela requiert aussi une méthode qui aide un homme à mieux comprendre vos sentiments véritables. La méthode la plus efficace que je connaisse est appelée «traduire les mots en images». Celles-ci peuvent se rapporter aux intérêts d'un homme ou à ses expériences passées. Voici quelques exemples:

– Je me sens comme une cassette de 60 minutes et tu me fais marcher la nuit dans nos ébats amoureux comme si j'étais une cassette d'une durée de 10 minutes.
– Je me sens comme un torchon qui a passé sa journée à nettoyer des camions sales.
– J'ai l'impression d'être un sandwich vieux de quelques jours.
– J'ai l'impression d'être le ver qui a servi à attraper un gros poisson.
– J'ai l'impression d'être une balle de golf qui a parcouru les dix-huit trous, lors d'un important tournoi, et qui est laissée pour compte et ignorée.

Réflexion personnelle

Faites la liste de cinq façons dont vous pouvez enrichir la vie de votre mari et votre mariage. Souvenez-vous de 2 Cor. 9:6.

16

Devenez la meilleure amie de votre mari

« Il n'est pas bon que l'homme soit seul; je lui ferai une aide semblable à lui. » (Genèse 2:18)

Un des objectifs les plus importants de ce livre est de vous aider à devenir la meilleure amie de votre mari. Si vous atteignez ce but, beaucoup des objectifs dont nous avons parlé se concrétiseront automatiquement. Un meilleur ami est quelqu'un avec qui vous partagez ces choses intimes, quelqu'un avec qui vous aimez passer du temps. Peut-être cela ne décrit-il pas les sentiments de votre mari à votre égard à l'instant présent – ou les vôtres à son égard. Mais ne perdez pas espoir. Dans ce chapitre, nous parlerons de moyens supplémentaires à employer pour devenir son amie la plus proche.

Vivez des expériences communes

Pendant une période de trois années, j'ai interviewé plus de trente familles qui étaient très satisfaites des relations existant au sein de leurs familles. Leur satisfaction n'était pas superficielle, mais elles vivaient un amour profond. Ces familles venaient de différents horizons géographiques et sociaux, et leurs revenus allaient des plus modestes aux plus aisés. Mais toutes ces familles avaient deux choses en commun, dont l'une était l'envie d'être ensemble. Dans chacun des cas, le mari comme la femme essayaient de ne pas programmer trop d'activités indépendantes qui les éloignaient l'un de l'autre ou de leurs enfants, de façon habituelle. Ils évitaient aussi des activités qui ne contribuaient pas au bien-être de l'ensemble de la famille.

Un emploi du temps établi avec soin était un point essentiel dans ces foyers. Bien qu'une certaine souplesse fût présente pour permettre la poursuite des intérêts individuels, chaque membre de la famille travaillait à créer une unité dans laquelle chacun soutenait l'autre. La famille, semble-t-il, devenait une «personne» en elle-même, nourrissant et protégeant ses intérêts majeurs. Un point typique était que le mari et la femme faisaient des activités communes, mais qu'ils passaient encore plus de temps dans des activités qui incluaient leurs enfants. Quand un des membres de la famille participait à une activité individuelle, les autres faisaient un effort pour le soutenir (par exemple toute la famille assistait au match de football).

L'autre facteur frappant, commun à toutes ces familles heureuses, était leur amour du *camping*. Ma femme et moi n'avions jamais eu d'attirance particulière pour les feux de camp. Mais lorsque je découvris que ces trente familles «idéales» avaient l'habitude de camper, nous décidâmes d'essayer.

J'empruntai une tente et nous décidâmes d'aller en campant de Chicago à la Floride. La première nuit nous arrivâmes dans le Kentucky. C'était une nuit merveilleuse et je pensai: *je comprends vraiment pourquoi cela rapproche les membres d'une même famille.* Nous parlâmes autour d'un feu de camp, nous chantâmes des chansons et fîmes griller des saucisses. A 9 heures nous nous sentions agréablement fatigués et allâmes nous coucher. Un éclair illumina le ciel dans le lointain, suivi d'un gentil roulement de tonnerre. Vu de loin, c'était romantique. Puis soudain tout se gâta! Le gentil roulement de tonnerre devint un grondement assourdissant qui semblait planer au-dessus de la tente. La terreur saisit ma petite équipe. La pluie battait si fort contre notre tente qu'elle traversa la toile et vint tremper nos oreillers. Norma et moi frissonnions tous les deux quand elle s'écria d'une voix stridente: «Penses-tu que la tente va se renverser?»

«Aucun risque», répondis-je. *Mais elle pourrait bien s'envoler,* pensai-je pour moi-même.

Qui voudrait encore faire du camping après une pareille aventure? En fait, il nous arriva bien pire parfois. Il semble que les événements les plus dramatiques ou les discussions les plus violentes aient lieu quand nous sommes en camping. Et c'est précisément pour cette raison que nous en sommes devenus des adeptes. Il peut se passer tellement de choses que la famille est *obligée* de rester unie pour arriver à traverser les moments difficiles du voyage. Le bon côté du camping est qu'il permet au couple et aux enfants de jouir ensemble des paysages merveilleux et des bruits de la création de Dieu. Des années plus tard, ils peuvent encore se souvenir des expériences heureuses et malheureuses qu'ils ont dû surmonter ensemble. Le sentiment d'être uni subsiste *longtemps* après que l'expédition est achevée.

Votre première tentative pour faire un emploi du temps des activités familiales peut être difficile à cause des nombreux engagements de chacun. Si votre mari ou votre famille sont déjà épuisés à cause d'activités trop nombreuses, ils ne seront pas enchantés de vos nouvelles idées. Vous pouvez être trop fatiguée vous-même pour y songer. Cependant vous avez le choix, vous pouvez prendre le temps de considérer les choses en sachant utiliser ce simple mot: non. Quand vous êtes sollicitée pour une activité que vous savez ne pas être bénéfique à long terme pour les vôtres, dites simplement non. Ou répondez que vous avez besoin d'en parler avec votre mari. Si nécessaire, laissez-le agir et jouer le rôle d'un bouclier en refusant.

Toute activité individuelle n'est pas improductive ou préjudiciable à votre famille. Votre amour pour la brocante et celui de votre fils pour les chenilles font un bon équilibre. Il n'y a pas de raison de couper ou de contrevenir à tout intérêt individuel. Un peu de souplesse permettra à la fois les activités communes et individuelles.

Cependant, un membre de la famille ne devrait pas s'attendre à ce qu'un autre participe à des activités désagréables ou nuisibles. Et aucun membre de la famille ne devrait violer la conscience de l'autre. Je ne crois pas que vous deviez aller contre votre propre conscience pour arriver à créer une unité d'action dans la famille. (Le fait de ne pas participer à des activités nocives spirituellement est une recommandation importante de Romains 14.) Vous ne devriez pas non plus condamner ceux de votre famille pour les activités qu'ils pratiquent quelles qu'elles soient. Si une activité familiale particulière ne vous convient pas, parlez-en simplement, gentiment et sans condamner en disant que vous préférez ne pas participer. Une femme qui reste ferme dans ses convictions, sans attitude de jugement, ne fait qu'augmenter le respect de l'ensemble de la famille à son égard.

Affrontez les drames en tant que couple et non en tant qu'individus

Les amitiés durables se construisent dans les tranchées. Rien ne lie plus deux personnes entre elles qu'un combat commun contre l'ennemi. Une crise peut vous rapprocher vous et votre époux, que ce soit pour réparer un évier bouché ou affronter un problème que vous pose votre fille ou votre fils. Personne ne recherche les drames, mais s'ils frappent à votre porte, vous pouvez renforcer votre mariage en résolvant les problèmes en tant qu'équipe. Un évangéliste connu aux États-Unis me rapporta comment un problème grave a été un facteur d'unité dans sa famille. Lui et sa femme faisaient face aux problèmes «typiques» de tout mariage, tandis que leurs adolescents traversaient l'époque de la traditionnelle rébellion. Leur vie de famille était agréable, mais non intime. Un jour, à l'étonnement de tous, sa femme annonça qu'elle était enceinte. Personne ne sauta de joie à cette nouvelle; la dernière chose dont ils pensaient avoir besoin était une bouche supplémentaire à nourrir.

Peu après la naissance du bébé, les choses changèrent. Il devint pour eux aussi précieux que la prunelle de leurs yeux. Son esprit doux et tranquille fut apparent dès le premier jour. Les enfants l'aimaient tellement qu'ils se battaient pour savoir qui le garderait. Lorsque le bébé eut un an, il devint très malade et on dut l'emmener d'urgence à l'hôpital. Toute la famille attendait avec anxiété le rapport du docteur. Ce petit garçon si doux était atteint de leucémie. Pendant trois jours et trois nuits la famille attendit ensemble, veillant le bébé, priant et espérant qu'il vivrait. Le troisième jour, il mourut. Bouleversés de chagrin, ils rentrèrent à la maison pour commencer une vie nouvelle sans lui. Plus jamais ils ne prendraient l'autre comme «un acquis». Leur amour mutuel et leur engagement s'en trouvèrent accru. Sans l'ombre d'un doute, la mort de leur bébé était l'événement le plus tragique qu'aucun d'eux ait jamais vécu, mais de là naquirent un amour fantastique, une intimité et une appréciation de chacun des membres de la famille.

Prenez ensemble les décisions importantes

C'était le jour de la fête nationale, Norma et moi préparions un pique-nique, quand éclata une violente dispute. Après quelques minutes, les choses n'avaient fait qu'empirer. Il était évident que nous serions en retard pour le pique-nique, aussi, nous remîmes notre conversation à plus tard.

J'en avais par-dessus la tête de toutes ces disputes. Il semblait que nous ne pouvions passer un jour sans nous disputer. Je demandai à Norma: «Voudrais-tu essayer une nouvelle approche pendant quelques semaines?» Elle fut d'accord.

Ce sur quoi nous nous mîmes d'accord ce jour-là eut un impact formidable sur notre union. Cela nous a obligés à communiquer à des niveaux plus profonds que je ne l'aurais jamais cru possible, nous aidant à avoir une compréhension de nos différents points de vue, à voir au-delà des opinions superficielles et à découvrir la véritable origine de notre façon de penser. Quand nous nous mettons d'accord à propos d'une situation, le fait d'être fidèle à ce principe nous aide à verbaliser nos sentiments jusqu'à ce que nous nous comprenions mutuellement. Six années ont passé depuis que nous avons pris cet engagement, et nous sommes comblés au-delà de nos attentes. (Cela nous a empêché d'avoir des discussions orageuses depuis lors!)

Lors de ce 4 juillet, nous nous sommes mis d'accord de ne prendre aucune décision définitive nous concernant tous les deux sans que nous soyons absolument d'accord. Si nous n'arrivons pas à un point d'entente quand le bus arrive à l'arrêt, nous ne le prenons pas. Nous nous sommes appuyés sur ce principe dans toutes sortes de situations. Nous assumons ensemble la responsabilité d'exprimer nos sentiments honnêtement parce que nous savons que nous ne pouvons aller plus loin tant que nous ne nous serons pas mis d'accord.

Un homme m'a confessé qu'il aurait économisé plus de 200000 francs à la bourse s'il avait mis ce principe en action six mois auparavant. Je suis toujours heureux de rencontrer des hommes qui veulent bien admettre la valeur des conseils de leur épouse. Après tout, nul ne connait mieux une personne que son «meilleur ami».

Développez votre sens de l'humour

Les réunions des anciens d'une école font toujours resurgir des souvenirs drôles des jours d'autrefois. Ici, dans son coin, Jacques fait rire aux larmes le groupe autour de lui avec ses vieilles plaisanteries. A un autre endroit, près du bar, Jeanne éclate d'un rire incontrôlable en se souvenant du jour de son premier double rendez-vous. Il semble que nous riions tous davantage avant notre mariage.

Vous n'étiez probablement ni sombre ni triste quand votre mari vous a épousée. Aussi, si vous voulez être sa meilleure amie maintenant, vous devez ajouter un peu d'humour à votre relation. Point n'est besoin de vous acheter un costume de clown, trouvez des moyens simples de le faire rire.

Ayez la volonté de détendre l'atmosphère et de rire de bon cœur quand il raconte une bonne plaisanterie. Il y a d'innombrables façons d'ajouter une pointe d'humour à votre mariage. Ayez la volonté de mettre de côté les questions sérieuses pour un peu de romantisme de temps à autre, pour vous réjouir et vous amuser ensemble en tant qu'amis.

Comprenez quels sont vos traits de caractère et ceux de votre mari

Nous ne développons pas tous nos traits de caractère. Beaucoup d'entre eux sont innés. Il y a quatre tempéraments de base qui sous-tendent nos personnalités et nous avons tous une tendance plus prononcée vers l'un de ces tempéraments. Selon Tim la Haye, ces quatre types peuvent être étiquetés comme suit: Le parleur, le chef, le légaliste, et le non-motivé. Si vous ne connaissez pas bien votre type de personnalité et la manière dont elle interfère avec celle de votre époux, il y a des chances pour que vous souffriez de peines inutiles ainsi que de malentendus. Chaque type de personnalité a ses forces et ses faiblesses. Si vous comprenez mieux les vôtres et celles de la personnalité de votre conjoint, vous pouvez travailler harmonieusement avec lui pour compenser ses faiblesses. Si vous n'avez aucune compréhension de son type de personnalité, vous réagirez à ses faiblesses chaque fois qu'elles se heurtent aux vôtres.

Il y aurait tant à dire des différents types de personnalité, que d'entrer dans les détails serait l'objet d'un livre supplémentaire. Cependant, j'ai essayé de donner une brève description de chacune, avec ses faiblesses et ses forces caractéristiques.

Faites ce test simple pour déterminer à quel type de personnalité vous appartenez, ainsi que votre mari. (Il se peut que vous soyez une combinaison de deux types.) Mettez une croix en face de ce qui concerne votre mari et un 0 pour vous. Le but de ce test est de montrer que chacun d'entre nous a une personnalité particulière et que nous avons tendance à épouser notre opposé (quelqu'un qui nous est complémentaire).

Le fait de devenir les meilleurs amis n'est pas un processus automatique simplement parce que vous vivez ensemble. Vous devez apprendre à compenser quand vous êtes confrontée journellement aux fautes et aux faiblesses de votre conjoint.

Votre relation en tant que «meilleure amie» avec lui vous demandera de la persévérance, de la patience, de la compréhension, un amour véritable et toutes ces autres qualités dont nous avons parlé au long de cet ouvrage. Si vous mettez en pratique les cinq suggestions que nous vous avons exposées dans ce chapitre, j'ai l'assurance que votre amitié ne pourra que s'approfondir.

Réflexion personnelle

Faites la liste des façons spécifiques grâce auxquelles vous avez été une aide ou un complément pour votre mari (Gen. 2:18)
    Faites la liste des autres moyens par lesquels vous pourriez lui être une aide ou un complément dans sa vie.
Que Dieu vous bénisse tandis que vous prenez la résolution de vous consacrer à obtenir une relation plus épanouissante et remplie d'amour. Souvenez-vous, le Seigneur le désire au moins autant que vous le désirez (Jean 15:11-13).

N'oubliez pas

Tout d'abord, ne vous attendez pas à des miracles du jour au lendemain. Presque toute chose de valeur demande du temps pour arriver à la perfection. Ces principes fonctionnent quand ils sont appliqués pendant un certain temps avec persévérance et amour.

Deuxièmement, cherchez le Seigneur de tout cœur, et vous découvrirez que sa présence est réelle et elle vous comblera pleinement (Luc 11:9 – Jacques 4:8). Troisièmement, ne vous paniquez pas ou n'abandonnez pas quand vous échouez. En commençant à appliquer ces principes, vous risquez de «rater votre coup» fréquemment. Par exemple, vous pouvez vous surprendre à utiliser «c'est toi qui...» au lieu de «je sens», sans même y penser. Ne vous inquiétez pas. Cela demande du temps de changer des habitudes. Quand vous échouez dans l'application d'un principe, faites mentalement un petit récapitulatif de la situation et la promesse d'y obéir quand une situation analogue se représentera. Avec le temps, vous verrez que vous réussissez plus souvent et que vous échouez moins. Ne tombez pas dans le piège de croire que vous ne réussirez pas parce que vous avez essuyé certains échecs. Vous avez échoué seulement quand vous avez abandonné l'espoir et perdu la volonté de réussir.

I. Le Parleur	II. Le Chef	III. Le Légaliste	IV. Le Non-Motivé
Prévoyant	Froid, peu sympathique	Doué	Calme et tranquille
Inventif	Déterminé et ayant une forte volonté	Lunatique	Désinvolte
Indiscipliné	Insensible et inconsidéré	Esprit d'analyse	Personne facile d'abord
Charmeur	Indépendant	Négatif	Paresseux
Volonté faible	Hostile. Coléreux	Perfectionniste	Sympathique
Agité	Productif	Critique	Spectateur
Chaleureux	Cruel. Sarcastique	Consciencieux	Diplomate
Amical	Décidé	Rigide et légaliste	Egoïste
Désorganisé	Ne pardonne pas	Loyal	Avare
Ouvert	Auto-suffisant	Centré sur lui-même	Dépendant
Improductif	Visionnaire	Sens de l'esthétique	Borné
Bavard	Dominateur	Susceptible	Conservateur
Indépendant	Optimiste	Idéaliste	Se protège
Enthousiaste	A des opinions arrêtées et des préjugés	Rancunier	Pratique
Insupportable	Courageux	Sensible	Indécis
Irresponsable	Orgueilleux	Manie de la persécution	N'aime pas diriger
Egocentrique	Confiant en lui-même	Esprit de sacrifice	Peureux
Compatissant	Rusé	Peu sociable	Humour mordant
Exagère	Leader (prend les rênes)	Discipliné	
Généreux		Sens de la théorie, et non de la pratique	
Peureux et peu sûr de lui			

« **Publications Chrétiennes inc.** » est une maison d'édition québécoise fondée en 1958. Sa mission est d'éditer ou de diffuser la Bible ainsi que des livres et brochures qui en exposent l'enseignement, qui en démontrent l'actualité et la pertinence, et qui encouragent la croissance spirituelle en Jésus-Christ.

Pour notre catalogue complet :
www.publicationschretiennes.com

Publications Chrétiennes inc.
230, rue Lupien, Trois-Rivières, Québec, CANADA – G8T 6W4
Tél. (sans frais) : 1-866-378-4023, Téléc. : 819-378-4061
commandes@pubchret.org

www.ingramcontent.com/pod-product-compliance
Lightning Source LLC
Chambersburg PA
CBHW072344100426
42738CB00049B/1686